1 9 0 6 - 1 9 8 2

李健吾画传

李维音——著

山西出版传媒集团 北岳文艺出版社
BEIYUE LITERATURE & ART PUBLISHING HOUSE
·太原·

图书在版编目(CIP)数据

李健吾画传 / 李维音著. — 太原 : 北岳文艺出版社, 2019.8
ISBN 978-7-5378-5423-8

Ⅰ. ①李… Ⅱ. ①李… Ⅲ. ①李健吾(1906-1982)-传记-画册 Ⅳ. ①K825.6-64

中国版本图书馆CIP数据核字(2017)第269278号

书　　名　李健吾画传
著　　者　李维音
责任编辑　左树涛
书籍设计　张永文
印装监制　巩　璠

出版发行　山西出版传媒集团·北岳文艺出版社
地　　址　山西省太原市并州南路57号
邮　　编　030012
电　　话　0351-5628696(发行部)
　　　　　　0351-5628688(总编室)
传　　真　0351-5628680
网　　址　http://www.bywy.com
E-mail　bywycbs@163.com
经 销 商　新华书店
承 印 者　山西人民印刷有限责任公司

开　　本　787mm×1092mm　1/16
字　　数　131千字
印　　张　11.25
版　　次　2019年8月第1版
印　　次　2025年1月山西第2次印刷
书　　号　ISBN 978-7-5378-5423-8
定　　价　49.80元

我的恩师李健吾

郭宏安

李健吾先生是我的恩师，1978年至1981年，我做他的研究生。没有想到的是，我毕业刚过了一年，还没有来得及报答他的教导之恩，他就去世了。1982年11月24日下午三点钟，他倒在书桌前，一篇文章刚刚开了个头："从来没有去过四川，这次在西安开会，我和老伴决定到成都一趟……"像他的人生一样，也没有完，不过是一个开了头，一个已经走了大半。像战士死在战场上，演员死在舞台上，他死在了书桌前，76岁。过去说人生七十古来稀，如今"生年不满百"的情况也不稀奇，七十多岁就走，似乎太早了些。

知道李健吾这个名字，还是我读大学的时候。一篇《雨中登泰山》，那通脱灵动、跳荡腾挪的笔触既写出了山的磅礴气势，又把慧眼独具的观察写得细致入微，如在目前，我于是约略明白了一支笔究竟能干什么。"岱宗夫如何"，泰山本是我故乡的一座山，小的时候曾经从山下走过，竟不知道故乡还有这么一座名山，它可是五岳之首啊！可是我至今不曾登临，只能从先生的文字中领略"齐鲁青未了"的宏阔了。20世纪60年代初，我的大学生活是紧张的，学法文占了大部分时间，余下的就是看西方的文学作品，当然，政治运动也不少，李健吾对我来说只不过是个名字而已，可是我记住了。

我第一次见到先生，中间经过了"文化大革命"，已经差不多是二十年后了，那是在研究生入学口试的时候，先生来了，拄着一根拐杖，看来身体很不好。刚过七十的人，与现在那些七十多岁的人相比，真有天壤之别，我不禁戚戚然有所动于心。这是我第一次见到先生啊！先生开始时并没有说话，负责口试的其他先生问了一些什么样的问题，我现在已经不记得了，可是我印象非常深刻的是，中间的先生突然站了起来，问了我一个问题，大概是关于巴尔扎克的，一口京片子，非常清晰、准确。恍惚间，我似乎看到了先生年轻时的样子。我回答了什么，也忘记了，不知先生满意否？后来，我就做了他的研究生。

“文化大革命”不仅荒废了我的学业，也使我失去了读书的机会，即是说，无书可读。对李先生，我那时其实了解得很少，只知道他是一位大作家、大翻译家、杰出的法国文学研究者，风闻评剧《小女婿》是根据他的话剧《青春》改编的，其余就所知了了了，就是说，他的译作和文章几乎没有读过。先生年纪大了，身体又不好，没有给我们上过课，可我没有少去他的家，一个月总有两三次，或请教，或谈天。他送给我一本他写的《福楼拜评传》，那是他自藏的唯一的一本，送了我连他自己也没有了。这本书是1935年底出版的一部旧作，1980年湖南人民出版社再版，市面上很少见到。先生把仅有的一本自己的著作送给我，现在想来，会不会是一种谶兆呢？读过了这本书，我是又惊讶，又惭愧；惊讶的是，这本透着批评大家的气魄的书竟出自一个二十八九岁的年轻人之手；惭愧的是，我一个远非如此年轻的人居然35岁才开始学习文学批评。先生去世后，1982年12月9日，我曾经写过一篇《福楼拜评传》的书评，其中说：“一个普通读者，他可以对法国文学毫无所知，但当他打开这本书时，他不能不为作者的热情所感染，不能不为文章的气势所裹挟，仿佛登上一叶扁舟，趁着微风，在作者的引导和指点之下，纵览福楼拜平凡而又平淡的一生，神游他所创造的想象世界。……读者会这样顺利地通过急流险滩，走完一位伟大作家的心路历程。当他合上书本时，他也许会说：‘一本评论的书也可以写得这样兴味盎然、妙趣横生啊！’”今天，当我再度握笔时，我会加上这么一句：“《福楼拜评传》波峭灵动的文笔，预示了一个大批评家的诞生。一个二十八九岁的年轻人，能够写出这样一本既生动活泼又深刻全面的著作，可以说是一个天才了。”

《福楼拜评传》1935年12月由商务印书馆出版，初稿其实在法国留学时（1931—1933年）已经写就。出版于1936年的《咀华集》和1942年的《咀华二集》虽然篇幅不大，却如一丛生气昂然的兰花，其香悠远，其色淡雅，读罢令人回味。《福楼拜评传》《咀华集》，一前一后，一大一小，显示了一位大批评家的模样。由于种种原因，后续的力量显得不足，使我们不能不感到遗憾。先生从未对我提起过这两本书，我也因为专业的原因，从未就中国文学批评的问题向他请教，不过我私下里常常展读这两本书，并且自觉有些体会。他曾经向我讲过蒙田的“离题”，说这正是蒙田的“魅力”所在。所谓“离题”，说的是蒙田写文章往往离开主题扯一回闲篇，来一段跳加官，但是，蒙田的离题并不离意，他说：“我的思绪接连不断，但有时各种思绪从远处互相遥望，不过视角是斜的。……失去我文章的主题线索的不是我，而是不够勤奋的读者。”这不正是《咀华集》的一个特点吗？以随笔的风格写评论，从而显出批评者个人的风格，这是李健吾先生的独门功夫，是从蒙田那里学来的。我说：“离题虽然有魅力，现在的作者怕很难做到。因为作者发表文章，首先要通过编辑，而编辑可能会给你删掉的。”先生不由得慨叹，眼下的作者失去了很多的自由。

我近年研习法国文学及批评理论，深感李健吾先生的批评观与法国20世纪30年代兴起的日内瓦学派遥相呼应，颇有异曲同工之妙。文学批评的日内瓦学派肇始于瑞士批评家马塞尔·莱蒙教授的《从波德莱尔到超现实主义》，时在1933年，李健吾先生以刘西渭为笔名的《咀华集》和《咀华二集》则在20世纪三四十年代问世，而他正是在三十年代初留学法国，仅小马塞尔·莱蒙九岁，他们关于文学批评的观念之相似乃至相通，是完全可以想象的。当时整个文学批评界出现了一股反实证主义的思潮，身在其中的李健吾先生当然会得风气之先。我的学位论文的题目是《论波德莱尔的〈恶之花〉》，先生送了我一本书，正是这部《从波德莱尔到超现实主义》。后来我发现这本书出版于1933年，竟然是原版。由于年代久远，书页已经有些发黄了，装订也已经松动了。可叹的是先生已经去世了，再没有机会问他关于此书的故事了。我想多半是先生当时在法国买下的，其中的联系或许在不言之中了。日内瓦学派之大盛在20世纪的五六十年代，而李先生的批评事业于五十年代戛然而止，这对他本人来说未必不是一件幸事，然而从文学批评的发展来看，则显然不是一件幸事。1983年，瑞士批评家让·斯塔罗宾斯基教授在一篇文章中提倡一种“自由的批评”，即以随笔的方式写批评文章，指出“随笔的条件和赌注是精神的自由”，现代人文科学广泛而巨大的存在“不应减弱它的活力，束缚它对精神秩序和协调的兴趣”，而应该使它呈现出“更自由、更综合的努力”。总而言之，“从一种选择其对象、创造其语言和方法的自由出发，随笔最善于把科学和诗结合起来。它应该同时是对他的语言的理解和它自己的语言的创造，是对传达的意义的倾听和存在于现实深处的意外联系的建立，随笔阅读世界，也让世界阅读，同时进行阐释的大胆的冒险。它越是认识到话语的影响力，就越有影响……随笔应该不断地注意作品或事件对我们的问题所给予的准确回答。它无论何时都不应该背弃对语言的明晰和美的忠诚。最后，此其时矣，随笔应该解开缆绳，试着自己成为一部作品，获得自己的、谦逊的权威”。李健吾先生地下有知，会欣然赞曰：“此言深得我心！”他关于批评的见解，例如“一个批评家是学者和艺术家的化合，有颗创造的心灵运用死的知识”，“创作家根据生料和他的存在，提炼出他的艺术；批评家根据前者的艺术和自我的存在，不仅说出见解，进而企图完成批评的使命，因为它本身也正是一种艺术”，批评“是一种独立的，自为完成的，犹如其他文学的部门，尊严的存在”，“在杰作面前，一个批评者与其说是指导的、裁判的，倒不如说是鉴赏的”，等等，无一不与日内瓦学派的批评观相契合。先生的批评文章无一不是“作品”，是有着“自己的、谦逊的权威”的。不过，他的深刻、他的渊博、他的文采、他的自由而独立的批评家的尊严，在五十年代后就转为法国文学研究中的表现了。

李健吾先生经常对我说：“要多读书，不要管什么流派，古典主义、浪漫主义、现实主义、自然主义、象征主义，甚至现代主义，统统都要读过。读过之后，你自然有你自己的选择。你在瑞士留过学，这其中的道理当然懂得。不过你现在是做学生，应当珍视读书的时光，等以后工作了，就没有那么多时间这样广泛地读书了。”在做留学生之前，我曾经作为新华社的进修生在日内瓦大学留学两年，研究生一恢复招生，我就放弃了新华社的工作，死活要报考研究生，如今做了研究生，当然会珍惜这样一个机会。先生告诫我不要急于发表文章，要先打好基础，厚积薄发，为长远计。但是，他并不放过任何激励我的机会，比方说，他鼓励我翻译缪塞的独幕喜剧《门不开着，就得关着》，并亲自校对，写了评点，随剧情的进展一一写在剧本的一侧。1981年发表的时候，评点的文字就印在剧本文字的旁边，也算是一种形式上的创新吧。2002年，我出版“译文集”的时候，居然漏掉了“李健吾校”的字样，也删掉了先生的评点文字，后者犹可恕，前者就有些不敬了。我在这里请先生的在天之灵宽宥我的疏忽。

我的学位论文以波德莱尔为研究对象，论文答辩是在先生家里进行的，记得先生给了我很大的鼓励，说是国内第一次给予波德莱尔以公正的评价，并赞曰“文采斐然”。我知道，这是我学习《咀华集》《福楼拜评传》的结果。波德莱尔很早就被介绍给中国读者，在20世纪30年代影响很大，但是40年代，特别是新中国成立以后，波德莱尔的名字几乎在中国消失了，只在1957年的《译文》7月号上刊登了陈敬容译的《恶之花》的9首诗，此后就再不见波德莱尔的名字了，留在读者印象中的是一个颓废诗人的恶名。先生的评价给了我很大的安慰，因为当时的气氛还有些乍暖还寒的意味，1983年，听说还有人在会上或在私下里举《论波德莱尔的〈恶之花〉》为例呢。1983年，《李健吾文学评论选》出版，我第一次读到先生的文章《恶之花》，我欣喜地发现先生的观点竟然与我的观点相近或者相通：“波德莱尔没有提起任何宗派的名词，然而现代诗人个个奉为圭臬，把他争做自己诗派的先祖。波德莱尔的现实可以容纳后人一切跳梁的把戏，然而他却不完全属于个别的后人。”先生论《恶之花》的文章是一篇旧作，发表于20世纪三四十年代。我很奇怪，先生从未提起过，是“悔其少作”吗？无论如何，我的观点与先生的观点不谋而合，也算是不枉为先生的学生吧。

1982年初，美国哈佛大学录取我攻读博士学位，需要两位教授的推荐信。我把这件事告诉了先生，先生很高兴，说你去找钱锺书先生吧。我说我不认识、也没见过钱先生。先生说没关系，钱先生对年轻人很好，我给你写一封介绍信。过了几天，先生告诉我信已发出，跟钱先生联系一下就可以去了。我到了南沙沟钱先生的寓所，钱先生的爽朗态度打消了我的不安，先生说：“李先生说你以第一名的成绩做了他的研究生。”我说：“是不是第一名我不知道，不过我做了李先生的学生很高兴。”他又问：“哈佛大学罗曼语系的系主任是谁?”我答：“是布罗迪教授。”说着，我把布罗迪教授给我的信拿给他，他哈哈大笑，说：“我虽不认识他，可是我在书里引用过他。”说着，他从书架上拿起一本《管锥编》，翻到某一页，我看到那是《管锥编》第一卷的149页，果然有布罗迪教授的名字，先生引用的是他的《布瓦洛与朗吉努斯》，我不由得心中暗暗地佩服。布罗迪并非一个批评界广为人知的名字，尤其让人惊叹的是，在煌煌四卷的《管锥编》中，先生一翻即得。说到给我写推荐信，钱先生不免把外文所诸公的英文评论了一番。我拿到先生的信，不敢打搅，匆匆离去。我感谢钱先生给我写了一封精当热情的推荐信，我更感谢李先生，他给我推荐了德高望重、学识渊博的钱锺书先生。

后来，我在办理护照时遇到了困难，去不了美国。李健吾先生知道了，也很着急，不过他也没有什么办法。突然有一天，他着人带给我一张纸条，说他有办法让我去美国了，让我到他家里去一趟。原来他最近见了一位旅美华人老太太，这位老太太在哈佛大学附近开了一家餐馆，哈佛大学的校长是那里的常客，两人相熟。可叹先生不知道我的困难在此不在彼，不过我已经知道了先生对我的恩情。先生一直把我出国的事情挂在心上，可是我没有太大的热情，去不去无所谓，再加上其他一些原因，我最后还是放弃了。没有去美国，我并不后悔，跟着先生研习法国文学，并终身从事，不也是一桩幸事吗？我万万没有想到，过了不到一年，先生竟撒手人寰了。

李健吾先生是著名的戏剧家，编、演俱能，写过《这不过是春天》《新学究》《青春》《以身作则》《金小玉》等四十多个剧本，尤其擅长性格喜剧，对话的语言泼辣爽利，于紧张的冲突中直指人心及社会的腠理。可是，俱往矣，新中国成立后，这一支纵横捭阖的笔只能在翻译、研究短小的剧评中逞威风了。谁知“文革”以后，“四人帮”垮台以后，先生居然按捺不住，创作的激情像冲出闸门的山洪一样，一泻千里，接连写出了《1976年》等三出小戏和《吕雉》一出大戏。先生乃是性情中人，十年“文化大革命”压在胸中的闷气和恶气，一吐为快。是手痒，还是心痒？我想两者都是吧。戏剧本是他从事始终的事业啊。

李健吾先生的翻译自有特点，准确中不乏新奇的灵动，他是把翻译视为创作的，两者同样都是艺术。他译的福楼拜、他译的斯丹达尔、他译的莫里哀，都是自成一格、传达神韵的翻译精品。他写过长达四万字的《莫里哀的喜剧》，也写过长篇论文《科学对法兰西19世纪现实主义小说艺术的影响》和《巴尔扎克与空想社会主义者》，也主编过《外国古典文艺理论译丛》，广泛的阅读、深入的思考、切身的体验，不为某种确定的理论所囿，我以为，这是先生研究法国文学的法宝。例如，他说：“巴尔扎克的庞大段落，在他是气魄，是气势，是酣畅……在巴尔扎克，一切显出他的才情汪洋，千言万语，宛如怒涛奔腾，一放而出。”这不是浅尝辄止的人所能说出的话。我知道法国不少批评家认为，巴尔扎克的语言繁杂累赘，描写过多，不会写文章，可是李健吾先生说，作为一个外国人，可能缺乏细腻的语感，但是“气魄”“气势”“酣畅”等等，却是他实实在在的体会。事实上，法国也有不少人对巴尔扎克的语言是颇为欣赏的。

李健吾先生的父亲是前清秀才、民国名将李岐山，一个能文能武的人物，可惜遭到阎锡山的迫害，死于暗杀。这是我在读了韩石山先生的《李健吾传》后才知道的。先生从未对我说起过他的家事，也从未说起过他一生中，特别是“文革”中的遭遇。可是我见过一纸他写的东西，那是一张又黑又脆的极粗劣的稿纸，上面用钢笔写道：“我是非党员，我在抗战初期，地下党通过郑、钱，要借我刘西渭的笔名，办《离骚》杂志。我借了。我是错，还是对？那时，我这非党员知道什么是‘黑线’吗？谁在当时肯借名字，冒着危险？我当时帮着于伶搞剧社，因为郑告诉我他是地下党，可以帮。我怎么知道他走的是刘少奇的路线？我连刘的名字还是在解放后才知道的。”文中的郑、钱指的是郑振铎和钱杏邨，明明是帮助共产党做事，怎么是“黑线”“刘少奇路线”？先生问得好。

李健吾先生是文坛的多面手，手手精，手手通，他是小说家、散文家、剧作家、翻译家、文学评论家、法国文学研究专家，在文学的几乎所有领域，李先生都有实实在在的、开创性的建树。韩石山先生说得对：“神通太大，哪一座庙堂也不愿将这尊神迎进去供奉。”沈从文热、钱锺书热、林语堂热、梁实秋热，他期待着李健吾热，然而他失望了，李健吾终于没有热。他说得够狠：“一句话说白了，要现在的文学界和读书界，接受李健吾这样的大家，还不到时候，还不配。”然而，何时是“时候”？什么人才“配”？我想起了钱锺书先生的话：“大抵学问是荒江野老屋中二三素心人商量培养之事，朝市之显学必成俗学。”我是文学批评家，我认为李健吾先生的《咀华集》《咀华二集》可以涵咏，就是“荒江野老屋中二三素心人商量培养之事”，不求大红大紫，不求大哄大嗡，当然也不求大起大落，有几十个、几百个乃至几千个实在的、坚定的、持久的欣赏者和追随者，足矣。李健吾永远不会热，也永远不会冷，总有一股小小的暖流温暖着他，保持着热度。新中国成立初期，风靡全国的评剧《小女婿》是根据他的剧本《青春》改编的。有人告诉了他，他却说：“随他去吧，我不介意，我但求无过就行了。”豁达？

潇洒？富贵于我如浮云？怕都不是，也都有一点，他明白自己的处境，但他坦然、泰然、欣然，一如既往地做着自己的事，只是事事不能如愿罢了。

一进入20世纪80年代，李健吾先生有了新的爱好：旅游和摄影，然而他的旅游多是寻访旧地，他的摄影多是给旧雨拍照。叙旧、看戏、讲学，哪里是休闲？闲不住，岂不是他一生的写照，除非躺在病床上。不过，留给他的时间不多了，也许冥冥中有什么神祇告诉他了吧。1982年11月24日，他倒下了，留给我的是无尽的怀念。

目录

人生的前二十七年

归国后，在北平的两年

在上海的十九年

人生的前二十七年

童年和少年

李健吾，山西运城盐湖区西曲马村人，1906年8月17日，出生在一个农户大院里，乳名跟娃。

在《枣花香》里，李健吾对儿时的回忆充满快乐、温馨，把一个农村顽童的天真、顽皮表现得淋漓尽致。

> 五岁前后的景象忽然涌到我的心头。我提着一个小瓦罐，里面装着半罐井水，跟着姐姐和家里人，走进一片枣林。……初夏我在地里跑，一定闻到了香味，……我之所以跟着姐姐到枣林来，一方面是由于游戏的心情，自然还有馋痨的心情，成百上千的枣子，青里透红，挂在枝头，……姐姐举着竿子，学大人打枣虫，什么枣虫我不记得，……虫子打下来，我就拈起来放在有水的瓦罐里。不过，拈不拈全看我的高兴与否。我只是跟在姐姐后头专捡她错打下来的枣子罢了。

李健吾的爷爷大字不识一个，通过贩马赚了钱，却坚持让自己的大儿子李岐山（1879—1920）读书，最终李岐山考取了秀才。可是，李岐山却对舞文弄墨不感兴趣，他性格豪爽，积极参加当时国内的反

李岐山

清活动。1911年10月29日，李岐山离开他工作的太原铁路学校，率军东出，与清军激战于雪花山（娘子关附近）。后来，李岐山率军南下，被推为行军主帅——五路招讨使，从此成为带兵之人。1912年12月，李岐山驻守运城，被国民政府封为少将，时年6岁的李健吾与家人随父亲到了运城。在运城，李健吾留下了他童年时唯一的一幅照片。

1912年，李健吾在运城

后来，李健吾回忆，忽然一天，父亲——我很少见到他，他干什么我也不知道——把我、妈、姐姐全接到一个大城运城，住在一个有兵把守着大门的衙门里。我神气的什么也似的，一下子变成了“少爷”。

不幸的是，1912年底，李岐山即遭阎锡山陷害，被投入北京陆军监狱，李健吾不得不随母亲返乡。爷爷看李健吾年龄已不小，便把他领到设在关帝庙的私塾去开蒙，学习《论语》《孟子》《三字经》等。

1981年，李健吾回访运城，曾专门和夫人一起回访儿时就读的私塾。2009年，长女维音又去拜访，庙前长廊和外景均未变。

在《梦里家乡》，李健吾对自己开蒙的那段时光，有很形象的描写：

> 我开蒙念的是《孟子》。老师是个老头子，好像就是我的一个长辈，按说应该叫爷爷。他净让我死背书，我老背不下来。他也不讲，我就是记不住，他抓住我的手，啪、啪、啪，拿板子打我的手心，还罚我跪……于是我想了办法——逃学对付他！要不就迟到！我一路磨磨蹭蹭地走，实在不愿意去，可是又不敢不去，怕挨打，又怕同学笑话我。我不怕关帝爷，也不怕正殿那个关平、周仓什么的，我顶怕的是那个给我开蒙的老爷爷。

1913年夏，李岐山被判无罪，到西安赴任，李健吾的六叔赶着马车把李健吾和他的母亲送到了西安。

1914年，李岐山将李健吾送到渭水西岸的马堪村——李岐山的一位部下史可轩的家里念书。在那里，李健吾还是对《三字经》什么的不感兴趣，但是被史可轩天天给孩子们讲的、一本有关古希腊历史的白话小说《经国美谈》迷倒了。李健吾一生对这本小书情有独钟，曾先后买过三次，最后还是丢了。渭水西岸的生活经历，让李健吾终生难忘，后来写文学评论时用的笔名“刘西渭”，就是最好的证明。李健吾对历史类图书的喜爱，可以说是由此而生。

1915年，袁世凯意欲称帝，李岐山决意起兵反袁，为防止意外，李健吾被两个士兵护送到位于天津良王庄的一个小火车站。李岐山的一个朋友在那里做站长。离开之前，李岐山送给李健吾一套16开本的

《东周列国志》。在良王庄，因为寂寞，李健吾啃完了这套艰涩的历史小说后，又阅读了在书摊上获得的大量历史类图书。

1916年夏，李岐山在陆军部谋了个闲职，全家迁往北京，最后住在离天桥南下洼不远的粉房琉璃街上的解梁会馆里，不用花房钱。是年，李健吾开始正式在小学读书，就读于北师大附小。老师见他聪明懂事，并且已经10岁了，就让他插班在了三年级。

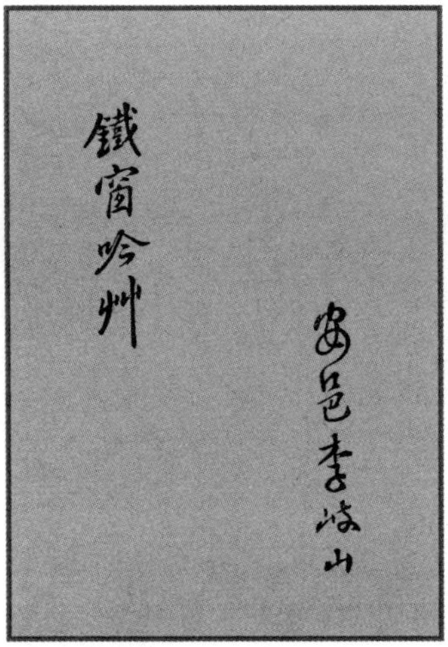

《铁窗吟草》书影

1918年夏，阎锡山再次派兵到北京抓捕李岐山，并准备带回山西。没承想，在火车站，由于李岐山高声呼救，被陆军部截下后关押在陆军部监狱长达一年之久。李健吾这时已是小学四年级。在关押期间，他每逢星期天，都会按照母亲的吩咐，步行两小时，从南下洼到铁狮子胡同，送酒食给父亲。李岐山在酒后兴之所至，提笔作诗，后结集为《铁窗吟草》。后来，诗稿《铁窗吟草》由从法国勤工俭学归来的李健吾的哥哥李卓吾，于1929年在南京的岐山书屋出版。

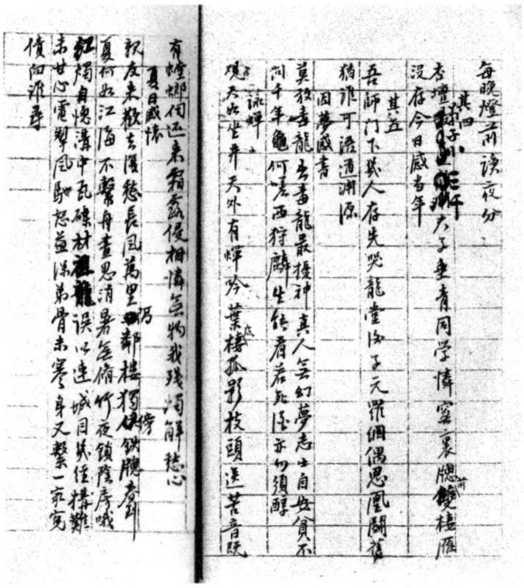
李岐山手迹

李岐山被捕后，李健吾肩负起了生活的重担，可是他“在学校就和没事人一样听课，校方不知道我家里出了事。那时我在班上的作文，经常受到王老师的夸奖”。这种隐忍的性格，在他后来的经历中得到了很好体现。

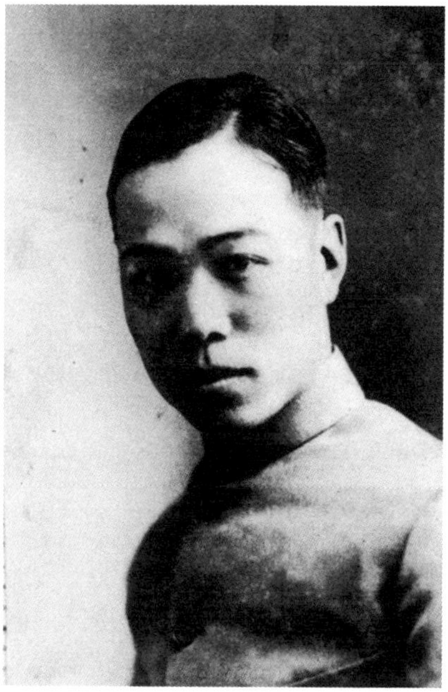
在北师大附小读书时的李健吾

1919年夏，李岐山被释放，后应陕西陈树藩所邀，到陕西赴任，未带家小。出乎意料，陈树藩嫉恨李岐山在陕西民军里的威望，1919年9月11日，设“鸿门宴”，在返家途中李岐山被伏兵杀害于西安郊外十里铺。

失去父亲的李健吾和母亲、姐姐继续住在解梁会馆，靠父亲的朋友的周济生活。解梁会馆临近的南下洼，是当年北京最热闹的娱乐场所，特别是新落成的娱乐场所“新世界”，里面经常演各种戏剧。其中，刚兴起的“文明戏”最吸引李健吾，他几乎天天下学后去看戏。当时，李健吾迷上了胡根生的哭戏，引起了他想要演戏的兴趣。在北师大附小组织的戏剧活动中，李健吾是最积极的一个，他参加编剧、演出，专门男扮女装，擅长演哭戏。

在《“五四”时期北京学生话剧运动一斑》中，李健吾对那段历史有详细的叙述：

父亲去世了，没有人管束我了，我可以高兴什么就做什么。学校要举行什么纪念会，王老师就教我们几个好活动的学生练节目，编排戏，而且居然演出了。我反串女的。演出的那一天，师范大学的话剧团也来看。后来，我被封至模他们找了去，在《幽兰女士》里扮演丫头。封至模演主角，可是“好儿”全在我这边儿。这大约是1920年。从此，各大学话剧团纷纷邀请我参加他们的演出。

李健吾小学六年级时，戏剧家熊佛西的《这是谁的错》上演，特别邀请他扮演女主角。因为毕业考试在即，李健吾平时没有参加过排练。可是，在演出时，他的哭戏却赢得了满堂彩。熊佛西先生十分欣赏他。

厂甸附中的活跃分子

1921年，李健吾以文科第一名的成绩考入了国立北京高等师范学校附属中学校，开始了中学生活。

当时，国立北京高等师范学校附属中学校位于北京厂甸，俗称厂甸附中，学制四年，男女分班。快毕业时，李健吾喜欢上一个名叫张传珍的女孩，后无果而终。在以后的文学创作中，有一段时间李健吾

李健吾与国立北京高等师范学校附属中学校读书时的同学合影

的笔名是“川针”。

在中学，李健吾的数学成绩不好，但是文科成绩一直在班里居首，特别喜欢踢足球、打篮球，还经常参加话剧演出。

继续演戏扭纲女角

1921年年底，陈大悲发起组织成立北京实验剧社，李健吾为发起人之一，那年他才15岁。1922年1月2日，北京大学的封至模特别邀请李健吾扮演陈大悲的《幽兰女士》中的丫鬟，扮演得极其成功。自此，李健吾闻名北京。

1923年3月，李健吾参演了在新明大戏院上演的陈大悲的《英雄与美人》。因为私立北京人艺专门戏剧学校开始培养女演员了，这是李健吾最后一次扮演女角。

短命的《爝火》

在中学，李健吾、朱大枏和蹇先艾被誉为文学三少年。1922年冬，李健吾、朱大枏、蹇先艾联合创办了一个文学团体——曦社。1923年，出版了不定期刊物《爝火》。李健吾在该刊物中用的笔名是“仲刚”。

1923年2月10日，曦社主办的不定期刊物《爝火》创刊号出版，李健吾执笔写了《发刊词》:

惭愧！我们真太不自量力了！竟然捧着些无名的野花掺入花之园里。

我们并不惭愧，只是胆子太大了！自己也不闻一闻这些野花

1928年7月，在中山公园，自左至右：李健吾、程鹤西、董鲁安、朱大枏

是臭是香，就乱闯到优美的花园里，实在是胆子特大了！

真的，这些无名的野花我们也并不加以修理：没用过井水浇灌，没用过肥料培养，只是任着她的性往上生长。干了有天雨湿着，湿了有阳光晒着；肥料少了，也是长着；肥料多了，更要长着。请不要讥笑我们将这些良莠不分的野花，一齐搬运到万紫千红的花园里！

《爝火》第二期

不要紧，花儿如果开的不丑，也是大家的幸运；花儿如果开的真丑，大家肯牺牲点来缮种，更好！不然，当作野的乱草，不值一赏，也好！

我们实在可笑，都是十八岁以下的孩子，也不配谈学问，也不配讲经验；只恃着天真烂漫的童心，写出自鸣天籁的字。好了，是我们几个小孩子的成绩；坏了，还是我们几个小孩子的成绩。原是我们自己清脆的哈哈的笑声和哇哇的哭声。

不过笑声和哭声终于挤在一起，自然穿到这堵墙的那边去了。

我们的玩意儿，早知道有程度的人没有一顾的价值，——但是我们希望，仅仅一个小希望，就是请仔细看过，体验体验我们童年的心！能费神引到正路口，那我们将更要喜得伸出头来瞻望！这原是我们做小孩子的心理啊！

我们就怕连野花的资格都不够，那真要惭愧死了！不，我们为什么要惭愧？我们还年青呢！正是努力的时期呢！

呵！

请先轻轻举起这一朵野花在眼睑边瞬一瞬吧！

文章最后说："将来《爝火》发行以后，也可算我们曦社一个小小的表现。这细微的成绩，也还是我们曦社的一种出产。"

同期的《社务报告》里，介绍了曦社成立的始末、成员、会址，以及每次会议的情况，并在最后给出了《爝火》的售价"每册实售贰角"。

在创刊号末页的角落，有两行字："注意：愿登本刊广告者，请向粉房琉璃街50号李仲刚接洽。"仲刚，这是李健吾在《爝火》上所用的笔名。这个地址正是他当年的居住地。

在《爝火》第二期上的《编辑余谈》中，李健吾写道：

我们虽然努力，怕也有力不如心时，所以非常欢迎社外的同志拿自己的创作或翻译的作品寄给我们登。来！文艺是快慰一切的有双翼的天使！文学似一条光明坦途，前面蓄有无限的鲜妍的花！——这正是大家的事！

可怜我们只是几个穷学生，也不敢说什么金钱报酬，这要请投稿者鉴原的！——谅诸君也绝不介意于此。好在我们将来能出到多少期，便将多少期的《爝火》给投稿诸君做小小的报酬。

实际上，第二期之后就停刊了。

处女作

《爝火》是李健吾最初发表作品的刊物。在《爝火》第一期，李健吾以仲刚为笔名，发表了第一篇小说《萤火虫》（童话）、第一个

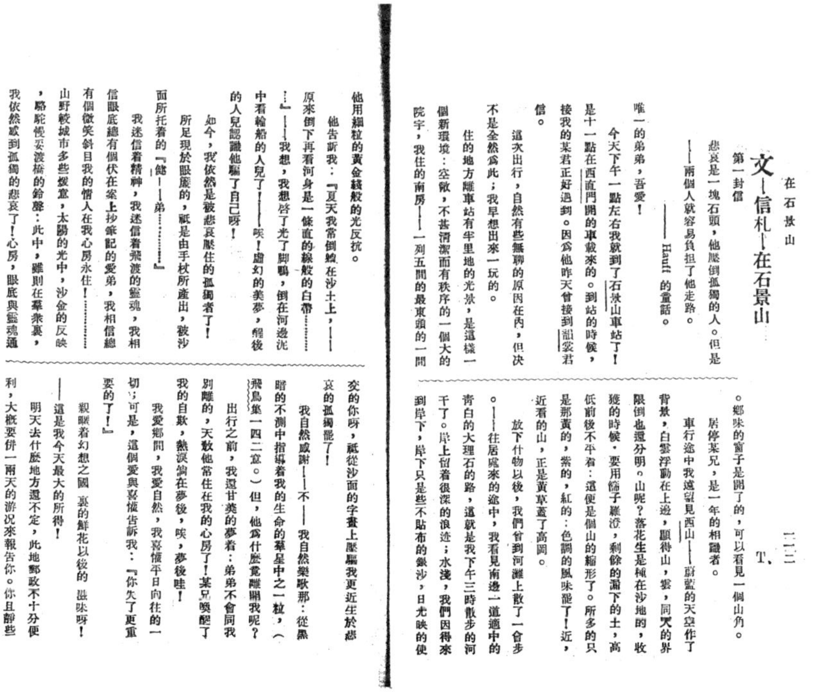

在石景山

文—信札—在石景山

第一封信

悲哀是一塊石頭，他壓倒孤獨的人。但是——兩個人就容易負担了他走路。

——Hauff 的童話。

唯一的弟弟，吾愛！

今天下午一點左右我就到了石景山車站了！是十一點在西直門開的車載來的。到站的時候，接我的某君正好遇到。因爲他昨天曾接到翻雲君信。

這次出行，自然有些無聊的原因在內，但決不是全然爲此；我早想出來一玩的。

住的地方離車站有半里地的光景，是這樣一個新環境：空敞，不甚清潔而有秩序的一個大的院宇，我住的南房——一列五間的最東頭的一間。鄉味的窗子是開了的，可以看見一個山角。

居停某兄，是一年的相識者。

車行途中我遠望見西山——蔚藍的天空作了背景，白雲浮動在上邊，顯得山，雲，同天的界限倒也還分明。山呢？落花生是種在沙地的，收獲的時候，要用篩子籮澄，剩餘的漏下的土，高低前後不平着：這便是個山的縮形了。所多的只是那黃的，紫的，紅的：色調的風味罷了！近，近看的山，正是黃草蓋了高岡。

放下什物以後，我們曾到河灘上散了一會步。——往居處來的途中，我看見南邊一道適中的青白的大理石的路，這就是我下午三時散步的河干了。岸上留着很深的浪迹；水淺，我們因得來到岸下，岸下只是些不貼布的銀沙，日光映的使

T、 一一二

他用細粒的黃金綫般的光反抗。

他告訴我：『夏天我常倒臥在沙土上，——原來倒下再看河身是一條直的綫般的白帶………』——我想，我想啓了光了腳鴨，倒在河邊泥中看輪船的人兒了！——唉！虛幻的美夢，醒後的人兒認識他騙了自己呀！

如今，我依然是被悲哀壓住的孤獨者了！

所足現於眼簾的，祇是由手杖所產出，被沙面所托着的『健——弟………』

我迷信着精神，我迷信着飛渡的靈魂，我相信眼底總有個伏在案上抄筆記的愛弟，我相信總有個微笑斜目我的情人在我心房永住！………山野較城市多些煖意，太陽的光中，沙金的反映，駱駝慢妥渡橋的鈴聲：此中，雖則在羣衆裏，我依然感到孤獨的悲哀了！心房，眼底與靈魂通交的你呀，祇從沙面的字畫上壓驅我更近生於悲哀的孤獨罷了！

我自然感謝——不—— 我自然樂歌那：從黑暗的不測中指導着我的生命的羣星中之一粒，（飛鳥集一四二頁。）但，他爲什麼竟離開我呢？

出行之前，我還甘美的夢着：弟弟不會同我別離的，天教他常住在我的心房了！某兄喚醒了我的自欺，熱淚淌在夢後，唉，夢後哇！

我愛鄉間，我愛自然，我喜懽平日向往的一切；可是，這個愛與喜懽告訴我：『你失了更重要的了！』

親暱着幻想之國 裏的鮮花以後的 滋味呀！

——這是我今天最大的所得！

明天去什麼地方還不定，此地郵政不十分便利，大概要併一兩天的游況來報告你。你且靜些

爝火 一一三

《文——信札——在石景山》，写给李养吾的信

剧本《出门之前》(独幕剧)。

《爝火》第二期刊载了李健吾的小说《母亲的心》。文章不长，情节简洁明了。小说细致入微地描述了一位年轻的寡妇，不光要忍受各种闲言碎语，还要照顾病危的孩子的痛苦心理。李健吾很早就失去了父亲，整个少年时代都是靠着母亲的辛勤操劳度日。他对母亲这一角色观察得很细致，这见于他的多个作品。

《爝火》第二期发表了他的第二个剧本《私生子》(独幕剧)和散文《文——信札——在石景山》。在《文——信札——在石景山》的第一封信前面，李健吾引了Hauff童话中的一节话："悲哀是一块石头，他压倒孤独的人。但是——两个人就容易负担了他走路。"然后，起头就是："唯一的弟弟，吾爱!"五封信叙述了他在石景山的游览，表达了对同父异母的弟弟李养吾的关心。

王统照先生的关怀

在文学的道路上，要说到对李健吾的关照，我们不得不首先提到王统照先生。1923年12月31日，王统照主编的《文学》周报发表了李健吾的《献给可爱的妈妈们》(散文诗)，这是他在正式刊物上发表的第一篇作品。文中，"妈妈"的形象，就是李健吾深爱的母亲，写的也是自己的家史。此外，还有《曾祖母和狼》《一位妇人的爱情》《柳木匣中》《哨探兵》《终条山的传说》《饶恕》等等，都是发表在1924年的《文学旬刊》上。

王统照很喜欢李健吾的作品，曾专门到解梁会馆去看望他。后来，王统照和他建立了亦师亦友的关系。李健吾在自传里写道：

> 我最早的习作，都是一些独幕剧，例如《工人》《翠子的将

来》等。我这时已考入师大附中，学着写各样形式：短篇小说、新诗、散文，最早多在《晨报》的"文学副刊"刊载。这个副刊有个时期由王统照主编，即《文学旬刊》，他对我印象好，到我住的解梁会馆找我，我们之间成了情谊深厚的忘年交。

作品在报刊上发表后，拿到了稿费，身处困境的李健吾高兴地对母亲说，妈！你看，我会赚钱了！

1926年，王统照介绍李健吾和蹇先艾加入了文学研究会。

王统照对他的关怀，李健吾一直铭记在心。1948年，李健吾专门写过一篇《怀王统照》：

尽管胡适骂王统照。我们几个穷中学生爱他，他自己也是大学生，没有架子，人老实，却又极其诚恳，他写的再差的东西也永远不违背他的良心，永远表里如一。

贫困造就了李健吾奋斗拼搏的个性，以后，勤奋既是他养家的必需，也是他的生活习惯。一生中作品之多，可以用堆积如山来形容，可惜他不在乎，很多没有保存下来。

在诸多小说中，《终条山的传说》获得了鲁迅的极大肯定，后来被收入《中国新文学大系·小说二集》。

恶补英语

1925年，高中毕业前后，李健吾曾经有过一位后来成为他姐夫的英语家教——北京师范大学英语系的学生朱厚锟。

随着英语水平的提高，李健吾开始翻译英语文学作品了，而且是

李健吾与朱厚锟（左一）合影

从童话开始的。上大学之前，李健吾翻译的英语文学作品有：《农夫的麦田》《指时的花朵》《罗鹿和吉尔》《白发王子》《寻找的一夜》《诚实的颈项》《白皮这样得救》《金刚石的水勺》等。后来，这些翻译的作品都在《清华周刊》上发表了。

诗歌《被遗弃的鱼人儿》是李健吾在上课时偷着翻译的。他曾说起过上课翻译这首诗的缘由："我遇见一位'诗人'教授，讲解很坏。我说他不会讲解啊，因为他把干燥的注释送给学生，却把'诗'留给自己。唯其他是一位诗人，我才格外愤慨。大约就在他低头讲书的时候，我用自来水笔译出这首长诗，倒像记笔记似的。"

李健吾的姐姐和姐夫的姻缘，多少还是李健吾撮合的，后来他把这件事写进了他的小说《多事的兄弟》。遗憾的是，姐姐李立萍随姐夫远嫁贵州后，1929年就传来了姐姐自缢的消息，李健吾又失去了一位亲人。

清华园里的才子

1925年高中毕业后，李健吾以文科的高分考取了朱自清担任系主任的清华学校（1928年改名为国立清华大学）中国文学系。在他报到时，清华戏剧社的社长何一公居然在大门口迎接他，说："终于把你盼来了。"

可是，家庭的贫困使他首先想到的是如何筹措接下来的学费。1926年，寒假一开始，他就去天津向父亲的老朋友续西峰借钱去了。

1928年的清华园

1927年，李健吾在清华大学教学楼前

为了50元的学费，他陪坐了一夜，第二天清晨返回学校。返校的时候，他一直在火车的车厢门口站着，寒风的侵袭，再加上平时营养不良，身体虚弱的他，在交完学费后就病倒了：一侧肋膜炎，再转另一侧，实际是肺炎转肺结核，高烧之后是极端虚弱。在养病的孤独、寂寞中，李健吾埋头写作。

朱自清是李健吾一生难忘的恩师。朱自清非常欣赏李健吾的作品，几乎帮他修改过所有的作品。从患病直到1927年，李健吾的作品像喷泉一样涌出。这期间，小说有《贼》《一个极小极小的老鼠》《一个妇人的堕落》《死的影子》《在黑暗里，没有分别的》《私情》《红被》《西山之云》《影》；翻译的诗歌有《邓肯·格雷》《美丽的海蓝》《给一个老鼠》；戏剧有《进京》《翠子的将来》《囚犯》《赌与战争》；散文有《命运》《慈善机关》。

朱自清

李健吾喜欢阅读、翻译西方文学作品，朱自清先生劝他去外国语文学系。1927年秋季开学，李健吾转到了外国语文学系，只是降了一级，从二年级读起。当时，王文显先生是那个系的系主任。李健吾曾经把王文显的《委曲求全》《梦里京华》，分别于1930年、1942年译成中文。

王文显

1929年，李健吾已经痊愈，被正式推选为清华戏剧社社长。1929年3月16日与19两日，他组织公演了王文显的英文版的《媒人》和《白狼计》，由王文显亲自导演。《媒人》中的角色由学生扮演，《白狼计》中的角色由学校里的教授扮演。演出相当成功。此次公演，开启了中国男女同台演出的历史。

1944年，《媒人》和《白狼计》的中译本都由世界书局出版。1983年，人民文学出版社出版了《王文显剧作选》，李健吾写的《〈王文显剧作选〉后记》，并附上了他翻译的《王文显先生》（温源宁著）。

王文显先生的教导，给李健吾打下了西欧戏剧的深厚基础，对他后来的戏剧创作、研究，都有很大帮助。

尽管转了系，但李健吾与朱自清先生还是保持了极为紧密的联系。后来，他俩合译了部分《为诗而诗》，朱自清先生专门评价了李健吾写的中篇小说《一个兵和他的老婆》。

1927年，北新书局出版了蹇先艾的短篇小说集《朝雾》。1927年11月25日，李健吾在《清华文艺》上发表了《蹇先艾先生的〈朝雾〉——读后随话》。

《朝雾》只是一种朝雾，朦胧的、清芬的。这里边的篇章就像“西岸垂杨的影子，倒映在水中，我们飘飘地从影子上走过”；而且走过的时节，我们带着无垠的遗憾的情韵。这是留恋过去底慰藉；这是诗。

但这些是小说；如果斗胆来讲，这两者都不是。

因为除去少数几篇以外，这里头的文章全是一种有小说形式的诗意的散文。

这篇早期的评论，已经具有了后来以“刘西渭”为笔名的一系列文学评论的特色。李健吾肯定了作者是“忠实于文艺上的创作，而且极有希望的一位”。但是对这部书中的诸多短篇小说，他发表了自己独特的读后感。他从不人云亦云，对文章的评论有时迥异众人。

当时，李健吾非常关注整个文艺界的动向，他说：“如今文坛上似乎有点空虚，虽然呐喊的声音和战鼓一般烦重。”1928年，在《大公报·戏剧》一栏里，有七天连载他的《关于中国的戏剧》，直指中国戏剧存在的种种问题；1929年2月在《认识周报》上发表的《中国近十年文艺界的翻译》，更是不惧权威，直指当时翻译中存在的严重问题。应该说，就在1925年到1930年之间，李健吾虽在清华读书，但作品已经广泛发表在了各个刊物上。

1930年6月，李健吾正式获得了国立清华大学的毕业证书，在《清华纪念册1930年》中的留言，显示了他当时的心态。

毕业以后，李健吾给王文显做了一年的助教。但是他对自己的未来已经有了清晰的规划：研究法国文学，首先是研究福楼拜。在清华大学学习法语的四年，教授李健吾法语的美国人温德，对他的影响很大。温德对福楼拜的作品极为喜爱，《包法利夫人》给温德留下了深刻的印象。温德对中国社会也有自己的思考，他认为，中国不需要浪漫主义，中国需要现实主义。这种看法对李健吾有着很大的影响。李健吾关心社会现实，决心在文学上有一番作为，认为文学是人类的需

我是山西安邑人，在本大學中國文學系隨了兩年班，在外國語文學系隨了三年。我的想像力比較豐富，然而文章寫得很壞，有時還不如我的談鋒。我的經驗是非常苦的；我的理想常常敗於環境。我的性情從小是活潑的，慢慢變到現在，變成憂鬱了。希望將來有恢復到我童時的光明那天。在做事上，我的精神是"一以貫之"。這或者是我向來得力的原因，即是我的愚騃的佐證。

——自誌。

李 健 吾

文 學 士

《清华纪念册》中李健吾毕业照

要，但是研究的方向必须是对当下社会有益的，于是他选择了法国的现实主义文学。李健吾辞去助教后，推荐了刚毕业的张骏祥。王文显先生接受了李健吾的推荐，并支持他的选择。于是他开始了出国前的准备。

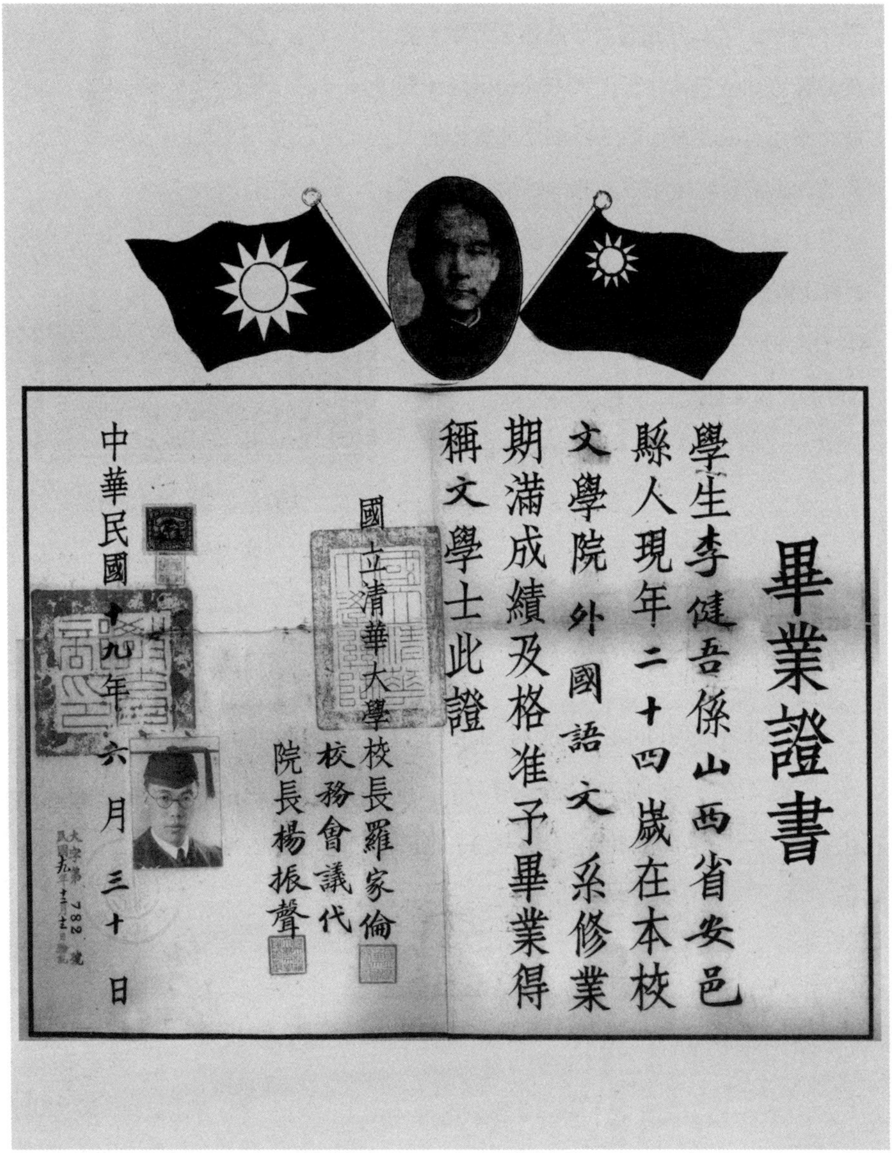

畢業證書

學生李健吾係山西省安邑縣人現年二十四歲在本校文學院外國語文系修業期滿成績及格准予畢業得稱文學士此證

國立清華大學校長羅家倫

校務會議代

院長楊振聲

中華民國十九年六月三十日

李健吾的国立清华大学毕业证

游学法国前

第一件大事就是回乡祭奠。

李岐山去世时，因为阎锡山一直把持山西政务，家人在离开山西时比较匆忙，只能简单地安葬了李岐山。

1928年，李健吾的大哥李卓吾从法国勤工俭学归来，母亲随李卓吾一起去了南京。1929年底，李健吾的母亲病逝。1930年10月，阎锡山兵败北逃，山西改由商震主政。商震很敬佩李岐山和他的四弟李九皋的功业，决定举办大典择日厚葬，地点就在运城西曲马村旁李岐山曾经屯兵的鸣条山上的大名寺里。1931年4月，李卓吾、李健吾扶母亲灵柩回乡，与父合葬。同时，商震准备的大典也万事俱备，于右任、冯玉祥送去挽联，杨虎城派专人到墓地主持仪式，国民党张继书写墓碑。

据说，当年在众人跪地叩首致哀时，李健吾仅脱帽鞠躬。对此，乡亲们多有议论。但是，1929年1月4日，李健吾独自在国立清华大学宿舍为父亲的《铁窗吟草》写后记时，痛哭流涕。从此，就知道他的性格是内敛的、含蓄的，在众人面前，不会随意流露自己内心的真实情感。

鸣呼！吾书及此，泪下乃不克自至，如云雾蒙两眸，笔震颤亦不复能为字，于是自怪十年之泪乃犹未洒尽也。

1980年，李岐山的墓地被重新整修，围以砖墙，中间竖起墓碑。2009年，孙辈出资将整个墓园加装铁栅栏。2010年10月10日，运城市举办了辛亥革命100周年年庆活动，并到墓地祭奠。

第二件大事，则是李健吾的终身大事。

同学兼老乡徐士瑚见李健吾孤身一人，孤苦伶仃，于是给他介绍了一位对象，这就是1930年考入国立清华大学化学系的尤淑芬。李健吾同意了徐士瑚的提议，通过与尤淑芬同宿舍的徐士瑚的女朋友聚餐的方式，两个人见面了，李健吾为尤淑芬的美丽所折服。这发生李健吾回乡参加大典之前。

尤淑芬，1909年生，无锡人，家中长女，毕业于北师大女附中，因病曾休学一年。父亲曾留学美国；母亲是童养媳，不识字，温和善良。

李健吾奔丧归来，尤淑芬对他的态度比较冷淡。李健吾托中学同学，当时已经任教的王振儒去劝解尤淑芬。王振儒对尤淑芬非常诚恳地诉说了李健吾孤苦，博得了极为理智的尤淑芬的同情。于是，两人又恢复了来往。

1931年7月，李健吾、尤淑芬两人订婚。

此时，游学法国的资金基本筹措齐备，主要由七叔李少白提供。在父母合葬完回北京前，李健吾先去陕西拜谢杨虎城，后又在太原拜谢商震，二人对李健吾留学法国都给予了很大资助。

1931年，李健吾与尤淑芬的订婚照

游学法国

1931年8月22日，徐士瑚、朱自清、李健吾坐上了经西伯利亚去欧洲的火车。

坐了十五天的火车，李健吾终于抵达了巴黎，徐士瑚、朱自清转车去了伦敦。在法国，早李健吾一年到法国留学，攻读美术的秦宣夫帮他找到了住处——巴黎近郊上塞纳街区工人大卫的家里

与朋友在巴黎，后排右一秦宣夫、前排右一李健吾

为了能进一步提高法语听说写的能力，李健吾先在巴黎语言专科学校现代法语高级班学习。

抵达巴黎不久，就传来了九一八事变的消息。李健吾非常愤怒，在激荡的情绪驱使下，他写了三幕剧《火线之内》，随后，将《火线之内》和他为该剧编写的歌词《出征歌》寄到《清华周刊》，征求谱曲（发表在《清华周刊》第37卷第12

期）。后来，该剧先以原名发表在1933年《申报》二卷二号。之后改名《信号》，1942年由文化生活出版社出版，成为《呐喊》丛书之一种。剧中的“出征歌”如下：

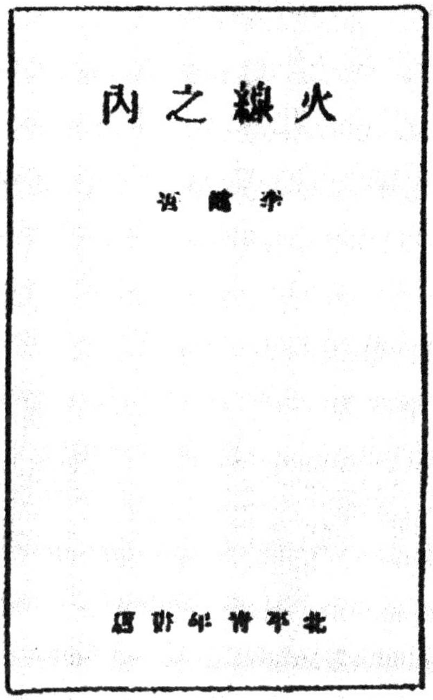

《火线之内》书影

今日何日？强虏犯疆。
人道扫地，正义不昌。
我乃奋起，展翅龙江。
热情汹涌如龙江。
救我祖国！救我祖国！
赴汤蹈火——救祖国！
救我祖国！救我祖国！
赴汤蹈火救祖国！

弟兄如云，声撼遐方。
为自由战，为道义光。
杀虏求生，威震扶桑。
赤血沸腾洒扶桑！
洒血为国！洒血为国！
血染江干为祖国！
洒血为国！洒血为国！
血染江干为祖国！

华夏健儿，文献古邦。四万万众，死为祖国。

《信号》书影

死为国殇，万古流芳！英名不朽长芬芳！

一死报国！一死报国！杀身成仁报祖国！

一死报国！一死报国！杀身成仁报祖国！

一·二八淞沪战役打响，十九路军的奋勇杀敌让他兴奋了一阵。但是上海的陷落，使李健吾充满了悲愤，之后创作了以该战役为背景的《火线之外》。当时，该剧曾请从伦敦到巴黎来游玩的朱自清先生看过，朱自清还为这个剧本写了序。后来，该剧在1933年由北京青年书店出版。以后又经过修改，改名为《老王和他的同志们》，1936年发表在巴金主编的《文学月刊》6卷一期新年号上。

1932年夏，在巴黎语言专科学校的学习结束后，李健吾立即转向研究福楼拜。当时，李健吾除了在巴黎大学旁听一些课程外，主要就是在图书馆研读福楼拜的作品。为了研究福楼拜，他省吃俭用，购置了大量图书。回国之前，《福楼拜评传》已初步成型。为研究福楼拜性格的成因和生活环境，李健吾专门去了一次福楼拜曾长期生活过的地方：法国北部诺曼底地区的鲁昂的克鲁瓦塞。在那里，李健吾对福楼拜的生长环境、生活习惯等都做了仔细的探寻，写成《鲁昂——克哇塞》，寄回国，发表在《现代》杂志1933年第4卷第一期。此文后来作为《福楼拜评传》的附录收入。

1932年8月17日，26岁了，这是李健吾的生日，他去照相馆照了相，照片寄给了未婚妻。

1933年春，他完成了《村长之家》（四幕剧）并寄回国内，在《现代》杂志1933年一至四期连载。他曾亲自为该剧设计舞台布景。该剧的地点和风景参照了李健吾的老家西曲马村，一些小人物也是参考了家乡的人物，故事是虚构的。遗憾的是这部有个性的剧本从来没有搬上过舞台。

1932年，李健吾生日那天在巴黎留影

背面：题字

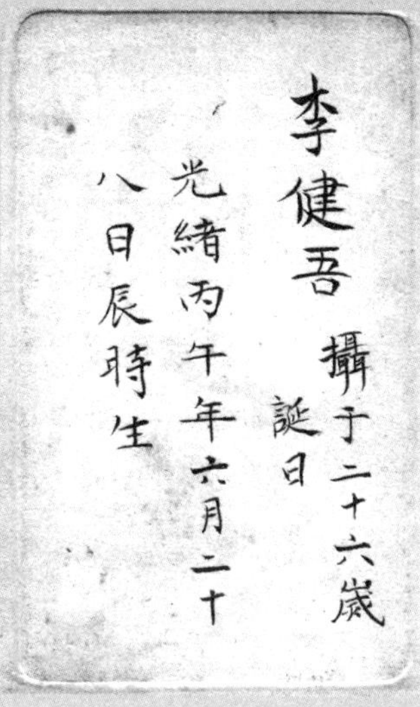

在创作和研究之余，他还抽出时间与朋友四处游览，荷兰、瑞士、巴黎都留下了他的足迹。当朱自清、徐士瑚到巴黎时，李健吾抽空还陪同他们四处浏览。

这里，特别需要提一下秦宣夫。当时，秦宣夫在法国专门学习油画和西方美术史，后来成为中国著名的画家、美术史专家、美术教育家。在法国期间，李健吾有秦宣夫做伴。秦宣夫对他的美术鉴赏能力的形成有很大影响。

1933年5月，徐悲鸿在巴黎组织中国美术展览，秦宣夫约李健吾一起写了《巴黎中国绘画展览》，思路当然来自秦宣夫，而文字的润色则归功于李健吾。这篇长达两万字的文章刊登在1933年《文学》第一卷第五号。这篇文章详尽地论述了这次展览的意义，对各个画家的优点和不足做了细致的分析。这样的文章，就李健吾当时所具备的美术知识来讲，是不能驾驭的。但这是一次极好的学习机会，为他后来去意大利博物馆鉴赏画作，起到了极大的引导作用。

1933年7月14日，李健吾独自登上了去意大利的火车，在意大利漫游了将近一个月。

参观的头一站是威尼斯。在六天的时间里，李健吾不仅饱览了小岛优美的自然风光，还参观了圣马可教堂和博物馆，给未婚妻尤淑芬写了十封信。

第二站是菲拉拉与拉万纳。在这两个地方，他只待了一天。在菲拉拉，他是奔着诗人阿里奥斯托的故居和坟冢而去的。去拉万纳是为了但丁，在参观完当地教堂里的画作后，李健吾感叹道：

> 拉万纳会永生下去的，因为小小的城邑积有人间两种瑰宝：一个是砌画，一个是但丁。

第三站是佛罗伦萨，这是文艺复兴的中心，到处是美不胜收的雕刻和画作。一幅幅画作深深地震撼了李健吾。这些画使他对西方美术有了深刻的印象，为后来编辑杂志《文艺复兴》时，挑选杂志的封面打下了良好基础。在佛罗伦萨的八天里，李健吾在酷暑下奔走，参观了教堂、美术馆、钟塔等，每天跑得一身汗，几乎要虚脱了。但是精神上是愉悦的，收获是巨大的。

在7月22日给尤淑芬的信中，李健吾说：

> 今天我非常愉快，我收到了无限高贵的滋养。画，自己全然外行，然而体验期间的情质，觉得更见一己的渺小。我这异邦人，本为受教育，开阔眼界，增深艺术的情绪、体会和修养而来。遇见如此之多的人类灵性向上挣扎的征验，还有比这更加感动、摇撼自我的存在吗？平常觉得中国人缺乏真纯的赏鉴力，不是效颦，就是愚昧，正因目睹的机会太少。艺术是一个怪东西，对于我们平常人，硬学是学不来的，只是日浸月润，天天和杰作

打在一起，才能够——如果培养不出创造的才分，至少可以培养欣赏的智力。

第三站是罗马，停留了十三天。李健吾谈到去罗马的感受：

是杀进罗马来了。说是杀进来，其实孤零零一个人，坐在火车里面，一直冲进来后从车厢倾倒在街头罢了，……然而像浙江有十余日的奔波，两条腿现已经颤索起来。……第二天一早……八点我就出了门。本想乘电车，后来一想，还是先认熟了路再说，于是一直走到著名的罗马古城。这样伟大的遗迹，我还没有见过。哪怕是一块残石、一块废土，都留有千余年前的痕迹。

第四站是那不勒斯。李健吾看到这座城市的第一感受是：

正如司汤达所说，这是意大利最美的地方。在火车上，远远我就瞥见维苏威火山。

8月10日，是他游览那不勒斯的最后一天，晚上7点下了山，返回巴黎，准备回国了。

李健吾把在意大利游览的所有体验，都写进了给未婚妻尤淑芬的书信里，约有33封。尤淑芬认为那不是情书，那是一篇篇优美的散文、细致的画作鉴赏。在李健吾归国之后，尤淑芬把信还给了他。

1933年8月底，李健吾回到了祖国。

1934年，李健吾把那些在意大利寄给尤淑芬的书信，进行了整理，取名《意大利游简》。

这些信是远迢迢写给一个人的。我生来行文有一个小小的限制，就是少把自己赤裸裸地献给读者。……这不是说，我没有热情；这是说，我用理智驾驭我的热情，……我不作伪，我只是把自己藏起来罢了。

《意大利游简》（开明书店版）

这是他为《意大利游简》写的部分前言，整个游记先在报刊上分篇发表。1936年，散文集《意大利游简》正式由开明书店出版发行，初版后面所附的画作是由美术家秦宣夫的作品。遗憾的是，这个单行本以后未见再版，收入各种李健吾散文选中的《意大利游简》都只有文字。

这些年的成长经历，为他日后的文学生涯打下了坚实基础。幼年时的欢乐，亲人的陆续离去，生活的艰辛，使李健吾过早地体会到了人生的艰辛，他学会了独立、奋斗、思考，珍惜友谊。

归国后，在北平的两年

结识终身的朋友

1933年，李健吾回到北京，当然免不了与未婚妻相聚，可是，那时候，正好《文学季刊》准备面世。《文学季刊》由立达书局发行，巴金和靳以张罗。为了增加力量，1933年10月，他们特别邀请郑振铎

30年代，在北大沈从文家中，左起：沈从文、巴金、沈从文夫人、靳以、李健吾

1934年，李健吾在北京盔甲厂七叔家的院子里

来出面筹划。10月的一天，在会贤堂饭庄，由郑振铎出面邀请了北平的一些知名作家，如周作人、朱自清、沈从文、李健吾等集会，商讨创办期刊之事。

《文学季刊》编辑部，就设在北海东边的三座门十四号的大院里，离李健吾的七叔家——东城盔甲厂不远。之后，李健吾就经常去编辑部串门。时间一久，不仅和那里的编辑混熟了，而且和经常去的沈从文、卞之琳、万家宝（曹禺）、曹葆华、何其芳、萧乾等作家也都熟识了，后来和这些人都结下了深厚的友谊。

与尤淑芬的婚礼

1933年10月31日，是李健吾与尤淑芬结婚的日子，婚礼在北平长安街上的骑河楼（国立清华大学同学会的会所）举行。

李健吾、尤淑芬结婚照

当时，李健吾无父无母，没有居所，没有钱财，国立清华大学同学会给李健吾张罗了他的婚礼。李健吾和尤淑芬的喜宴也就四五桌。参加者除了李健吾的七叔七婶和尤淑芬的父母之外，就是少数师长和朋友。主婚人是周作人，男傧相是张骏祥，女傧相是尤淑芬的同学汪学熙，来宾有清华大学的教务长杨振声、朱自清、郑振铎、巴金、沈从文、靳以等。

李健吾的岳母为他准备了冬夏的服装。李健吾的岳父知道他伏案写作，制备了一张书桌。这也是他一生一直使用的唯一的一张书桌，

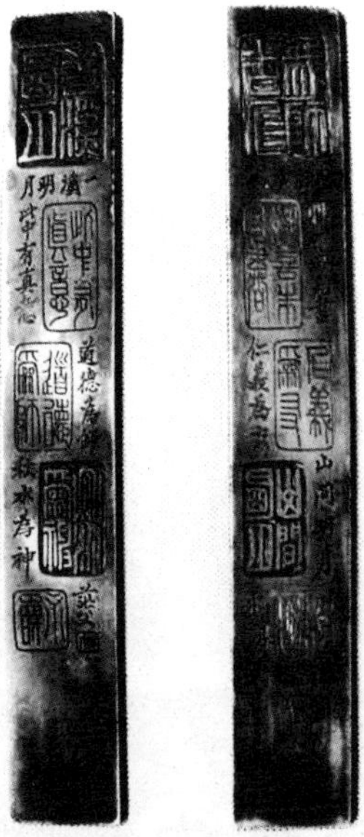

郑振铎赠予的铜镇尺

从结婚之后一直到生命的最后一刻，不论有多少次搬家，书桌就这一张。书桌上有一对铜镇尺，是李健吾结婚后郑振铎赠的，李健吾非常珍稀，一直把这对铜镇尺摆在自己的书桌上。

婚后，李健吾、尤淑芬就住在李健吾七叔家的偏院。

尤淑芬，家境富裕，但是却极能吃苦，与李健吾结婚后，就一生相随，无论顺境还是逆境。怀孕后，已经读到大学三年级（当时因为胃有病，已从最初的化学系转到经济系）的尤淑芬，提前退学。退学后，尤淑芬一直操持家务，勤俭持家，李健吾几次有难，她都淡定相助，理性规劝。特别是晚年，尤淑芬患肠癌做了手术，出院后还尽心服侍李健吾，不离左右，似乎就是认定了自己的决定：付出，为了这位文学才子，为他有个完整的家。这个漂亮的女子为李健吾奉献了自己的一生。

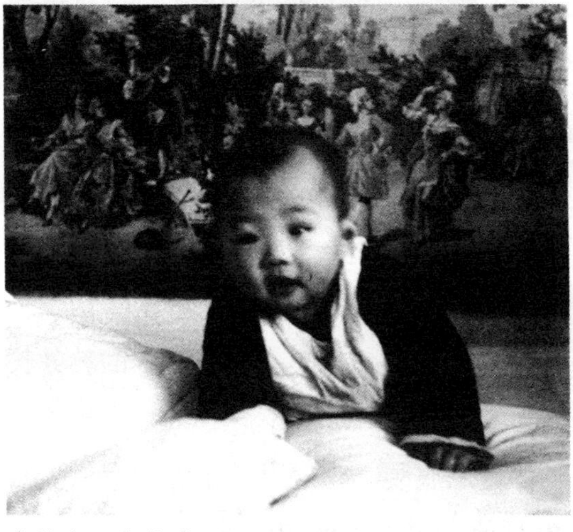

李维音三个月时

1934 年 9 月 30 日，大女儿李维音降生，李健吾十分欣喜，取名小乖。他有了一个家，有妻有女，他不再是一个人，一个孤独的人了。

作品不断面世，评论独具一格

1933年11月，李健吾的长篇小说《心病》由开明书店出版，这是他唯一的一部长篇小说。《心病》是他在出国之前，于1930年完成的，小说的特色不在故事，而在于用意识流的手法对人物进行的心理描写。写成之后，由朱自清推荐，在叶圣陶编辑的《妇女杂志》上连载。叶圣陶是李健吾的提携者，1930年起，叶圣陶开始做开明书店的编辑。1947年，李健吾的改编剧《和平颂》上演，叶圣陶还赠了幅字。

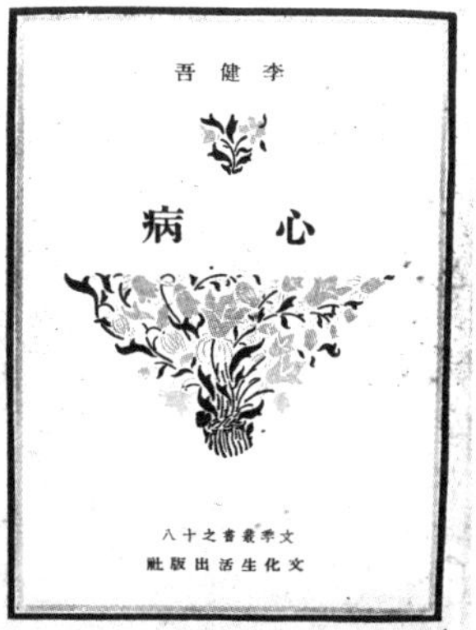

《心病》书影

1982年，李健吾（左一）带病去看望患病的叶圣陶（右一）

叶圣陶对李健吾的提携、爱惜，李健吾一直铭记在心。他特别尊重叶圣陶，把叶圣陶看作长辈。晚年，李健吾自己走动都困难，但是听说叶老有病，却登门去探望他。李健吾病逝后，叶老出席了他的遗体告别仪式。

1930年底，李健吾的母亲病逝，他在《心病》的扉页上写下了下面的话：

从事这篇的时候，您病着；我预期您的奖励；我在叙述一位母亲；您把最大的希望留给我；我相信我的工作永远失败了。

1945年，《心病》由文化生活出版社再版时，扉页上的话改为：

这本小书脱稿的时候，正是我母亲逝世的时候。

《心病》1933年出版后，朱自清写了评论文章《读〈心病〉》（1934年2月7日《大公报·文艺副刊》），对作者的创作手法很是称赞。

中国的新文学，直到近两年才有不以故事为主而专门描写心理的，像施蛰存的《石秀》诸篇便是，读者的反应也不坏。这是一个进展。施蛰存只写了短篇，长篇要算李健吾的《心病》为第一部。施蛰存的描写还依着逻辑的顺序，李健吾的则有些地方却只是意识流的记录。这是一种新手法，李健吾承认自己是受了英国作家伍尔夫的影响。我们平常总不仔细分析人的心理，乍看这本书的描写，觉得有些生疏、反常，静静去想，却觉得入情入理。书中暗示着一种超人的力量，似乎命运在这里伸出一双手，拨弄着一切。全书随之涉及小小的世界，在那个小世界里，却处处关联着，几乎可以说是不漏一滴水，见出智慧的力量。

1933年9月，沈从文接替吴宓担任天津《大公报·文艺副刊》的编辑工作。从1934年1月起，李健吾在该副刊上就发表了系列评论文章。最重要的一点是，从他发表第二篇评论文章起，开始用了“刘西渭”的笔名。一个才二十八岁的年轻人，把矛头对准了当年翻译界的名宿伍光健，点出了要害：不认真、不尊重原作者、倚老卖老。

> 一个非常老气横秋的调子……你不觉得，有时译的太不费力气？他译的日子久了，而且译熟了，于是一管笔滑了下来。他渐渐失去他早年那点儿质朴。

相当尖锐。

不过，那还不是刘西渭的真正风格。刘西渭的风格还是在以后的一系列评论文章中体现出来的：1935年8月4日《〈苦果〉——罗凯岚先生作》；8月7日《〈边城〉与〈八骏图〉——沈从文先生作》；8月18日《〈九十九度中〉——林徽因女士作》等等。一篇接着一篇的评论文章，在《大公报》的不同版面上陆续发表，让人耳目一新。有些人惊讶：刘西渭是谁？从此，刘西渭的文学批评风格开始呈现出来：完全独立的，遵从作品给自己的感受，分析细致，文字优美，还有前面长短不一的“跑题”。这些文章让人真正读懂了原作。最明显的是，沈从文的《边城》曾不被人看好，还有人更喜欢《八骏图》。李健吾对《边城》的评论，使大家认识到了《边城》。20世纪90年代，高中语文课本收录《边城》时，参考资料给出的首先就是李健吾写的评论文章《边城》。

李健吾的评论自成一篇篇优美可读的散文。

认识林徽因

1934年1月1日，《文学季刊》创刊号问世，作为编者之一的李健吾，发表了他在法国就已经基本完成的有关《包法利夫人》的评论文章。这篇文章引起了林徽因（曾名为林徽音）的注意。林徽因特别写了封长信给李健吾，约他到家里叙谈。李健吾就这样认识了她。

在当时北平的文化界，林徽因很有名气，她的家里常常是高朋满座，她的客厅被称为“太太客厅”，也许她在西方多年，习惯于在客厅里与朋友喝茶聊天。

李健吾非常敬重林徽因，还有她的丈夫梁思成。他为自己的女儿取的名字就和林徽因相关：大女儿叫维音；二女儿叫维惠（取“徽”的谐音，1935年10月26日出生），希望自己的女儿具有林徽因的才情气质。

《九十九度中》是林徽因的一部短篇小说，1934年发表在《文学》杂志的第一期上，可是，没有引起多少人注意。刘西渭却细细地读了它，写了一篇有分量的评论文章。在那个年代，有许多伟大的、有气质的短篇小说，可是，刘西渭却认为：“却只有这一篇，最富有现代性；唯有这里包含着一种独特的看法，把人生看作一根合抱不来的木料，《九十九度中》正是一个人生的横切面。”和其他评论文一样，他用他自己的“印象”，经过整理，完成了对原作的推介。

他和林徽因成了互相赏识的朋友。在抗日战争期间，李健吾一直在关注梁思成夫妇的动向。1945年10月，李健吾在得知他们的消息后，就写一篇《林徽因》收录在柯灵编的《作家笔会》中。他认为林徽因：

> 绝顶聪明，又是一副赤热的心肠，口快，性子直，好强，……每星期六下午，便有若干朋友以她为中心谈论时代应有的种种现象和问题。……她缺乏妇女的幽娴的品德。我敬重她的才华，她对于任何问题感到兴趣，特别是文学和艺术，具有本能的直接的感悟。生长富贵，命运坎坷。修养让她把热情藏在里面，热情却是她的生活的支柱；喜好和人辩论——因为她爱真理，但是孤独，寂寞，抑郁，永远用诗句表达她的哀愁。……这一对身体残弱的学者、艺人，有的是饱满的精神。

也许，出于对梁思成林徽因夫妇的敬重，李健吾对建筑学也很感兴趣，以致在二女儿1953年报考大学时，他就劝二女儿读清华大学建筑系，居然还就被清华大学建筑系录取了，当时的系主任就是梁思成。有缘和无缘，天知道！

评《这不过是春天》《雷雨》

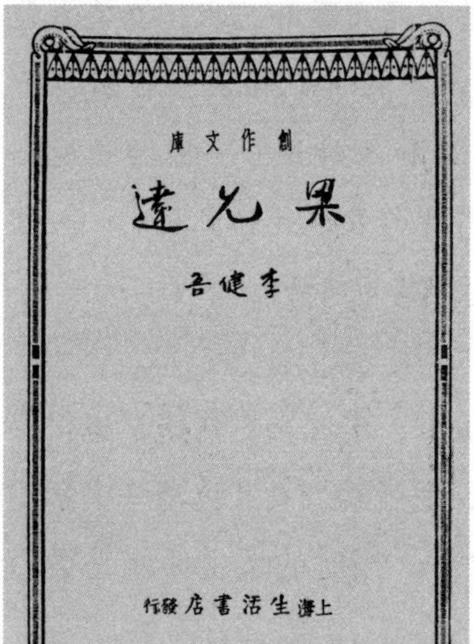

《梁允达》书影

在北平的两年中，他还写了两出话剧。

《梁允达》，1934年4月1日在《文学》杂志第二卷上刊出。这出戏的背景就是李健吾的家乡晋南农村，人物性格很复杂，围绕着父子争夺家产来写。二十年前，梁允达曾在流氓刘狗的教唆下弑父夺财。成了财主的梁允达却始终摆脱不了二十年前弑父的噩梦，他赶走了刘狗。不几年，刘狗又回来了。梁允达的儿子四喜品行恶劣，赌博欠债，再加上其他矛盾和种种冲突，刘狗借刀杀人，教唆四喜，用鬼魂托梦的血淋淋的描述，触动了梁允达心中的痛处——弑父。最后，梁允达提剑追杀刘狗，精神也彻底崩溃。1934年10月，《梁允达》《村长之家》合在一起命名为《梁允达》由生活书店出版。

1934年7月1日，《文学季刊》第一卷第三期出版，在“剧本”

一栏里刊出了他的另一出戏《这不过是春天》（李健吾只用了六天创作）。同期刊出的还有曹禺的《雷雨》。可是那时，李健吾的名声远胜曹禺，《这不过是春天》排在《雷雨》前面。在出版前，曹禺一直下不了决心，是李健吾催促编辑靳以发表的。靳以要李健吾拿回去看看，李健吾坚决地回答："不，不登出来我不看。"（李健吾《时当二三月》）刊出后，《雷雨》的反响起先并不大。直到1935年，随着一批留日学生在日本的演出和国内的演出，到了8月底，《雷雨》的反响才越来越大。

在一片喧嚣声中，1935年8月31日，他的评论文章《〈雷雨〉——曹禺先生作》在《大公报·文艺评论》上发表了。他给出了公正而且幽默的评价，对男女主角的成功与不足之处，都直率地给出了分析。他直率地提出了自己的一个印象：作者似乎受到了希腊名剧《希波吕托斯》和法国戏剧《菲德尔》的影响。这个看法其实不错，很中肯，后人也有此说法，不过稍微隐晦一些罢了。这无疑伤到了曹禺，但李健吾本人却毫无察觉。

从这篇评论文章，看到了李健吾性格中的另一个方面：直率。在评论朋友的作品时，他没有为亲者讳。1939年3月22日，李健吾在上海《文汇报·世纪风》发表的《时当二三月》中说道："《这不过是春天》好比琉璃，《雷雨》却是璞玉，流利的光莹是借来的，而璞玉的明澄是本性的。"

1943年10月1日，在寂寞的孤岛上海，李健吾在《万象》杂志上发表了署名"成己"的《未付邮——致曹禺书》：

家宝：

这讨厌的秋雨又下了一整天了。

雨点打在玻璃窗上，点拖成了线，流，流下去集成小小的一个水滩，无聊赖地伏在窗沿上向外面望出去，一颗心都给纷乱的雨丝给缠住了，偶尔地在水滩里照见了自己十分憔悴的脸，记起那些日子在旧书堆里翻出你的一张小照，照片上的颜色，像记忆一般的，也已慢慢的都要褪掉了。这还是你在天津演的《财狂》时寄给我的一张剧照，说起来倒十年以外的事了，那时候，我们都还年轻，有的是梦想，也有的是热情，为了朋友的一句话，可以跑出几千几百里地，去办一件现在想起来几乎是可笑的小事，为了一个戏的演出可以连着三四个星期整天整夜地不睡觉！

你该还记得我们在清华第一次演出的《娜拉》吧？

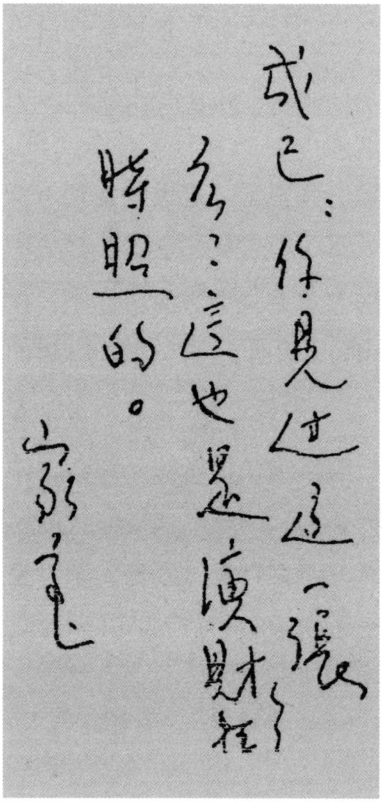

曹禺给成己的留言，同时刊载在《未付邮》中

絮絮叨叨，真是真朋友啊！遗憾的是，《财狂》的剧照不在了，杂志上的剧照已经模糊得不能用了，但是附着的曹禺的字还清楚。

回过头来，再说当李健吾的《这不过是春天》，在“剧本”一刊出后就火了。这是一部略带喜剧色彩的悲剧，或者说是一出忧伤的喜剧。剧情是写一位官太太以前的情人，正在被她现在的丈夫缉拿的革命党逃进了她家，她又惊又喜，既怀念过去的真情，但又不舍当下的荣华富贵，内心斗争剧烈，最后还是决定帮助他逃脱。

《这不过是春天》首先引起了北京贝满女中学生的注意，她们在贝满女中的小礼堂里举行了不公开的演

1934年夏，《这不过是春天》在北京贝满女中小剧场演出后，李健吾（中）与后台工作人员合影

出，李健吾被邀请在台下看戏。

1934年冬，北平第一女中举行游艺大会，《这不过是春天》被列为主要节目，但却遭到当局禁演。1935年10月12日—13日，中华留日同学会在日本演出的《这不过是春天》，是这出戏最成功的演出。

1937年，《这不过是春天》《另外一群》和《说谎记》合在一起取名为《这不过是春天》由商务印书馆正式出版。

在这段时间，李健吾的一些朋友还找他参演了国立清华大学西洋文学系系主任王文显先生的《委曲求全》，扮演戏里的董事长。这是李健吾改演男角的开始。演出地点是北平东城青年会。林徽因和刚从法国回来的秦宣夫负责舞美设计，轰动了文化界，后来还在国立清华大学演出过。曹禺和唐槐秋一起去看了他的演出。

1934年，李健吾与曹禺、唐槐秋等在清华礼堂观看《这不过是春天》演出后合影

之外，李健吾还参加了他翻译的萧伯纳的《说谎记》的演出，在其中饰演了出丑的丈夫。

李健吾一生中写戏、编剧，没有离开过舞台。在新婚后短短的两年，他不仅写剧本，还参加了演出。

《福楼拜评传》的写作和翻译

李健吾归国后，真要说工作，还是法国文学研究。李健吾被胡适聘请为中华文化教育基金会编译委员会的编辑后，不用坐班，他专心在家里写作和翻译。他的第一件工作，就是完成在巴黎已经基本成稿的《福楼拜评传》，1935年正式完稿，12月由商务印书馆正式出版发行。

《福楼拜评传》，一个二十八岁的年轻人写的外国评论，至今影响巨大。1994年春天，韩石山去拜访法国文学研究专家柳鸣九，柳说，像《福楼拜评传》这样的著作，往后五十年之内，中国是没有人能写出来的。法国文学研究专家郭宏安在《李健吾与法国文学研究》中说：

> 《福楼拜评传》出自一个年方二十八岁的年轻人之手，这是世人的激情与学者冷静紧密结合的作品。书后近百的参考书目，显出作者学问的广博、功力的深厚与劳作的辛勤。今天，我们很难想象，一部八十年前的著作还能稳稳地站在一流的位置上。《福楼拜评传》是一本有吸引力的书。它的吸引力表现在：它是一部具有科学性的学术著作，它是一本有判断力的著作，它是一本有艺术感染力的著作。

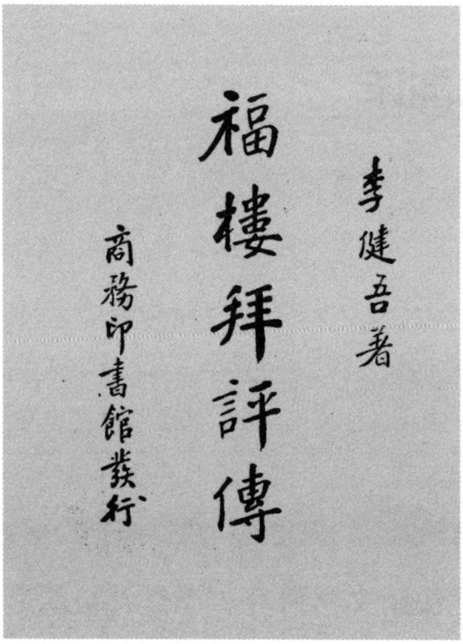

《福楼拜评传》书影

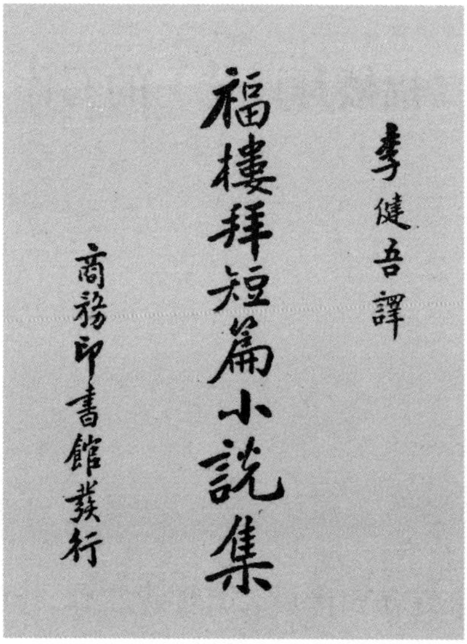

《福楼拜短篇小说集》书影

为纪念中法建交50周年，法国大使馆在北京大学红楼举办的中法文化交流纪念展上，就把《福楼拜评传》放在了一进门的罩着玻璃罩的书桌上。

翻译，是李健吾研究法国文学的重要途径，他研究福楼拜，翻译了福楼拜几乎所有的著作，成为中国研究福楼拜的全才。1935年，他完成了《福楼拜短篇小说集》的翻译，其中包括：《一颗简单的心》《圣米连外传》和《希罗底》，1936年1月由商务印书馆出版。

李健吾在翻译和研究福楼拜的同时，也开始注意到了司汤达。他在这个时候启动了《司汤达小说集》的翻译工作。

在那个年代，李健吾对法国文学的研究和翻译，除了林徽因、郑振铎外，并不被人赏识。

离开北京

1933年8月底，李健吾回到上海，并没有稳定的工作。1933年年底，由朱自清和杨振声介绍，李健吾给胡适主持的中华文化教育基金会撰写《福楼拜评传》和翻译福楼拜小说，每月预支100元稿费。当年，与李健吾经常见面的罗念生，在他的1983年的《忆健吾》中提道："我们都没有职业，谈话中免不了常有牢骚。健吾笔力甚健，那时发表了各种题材的文章，苦苦笔耕。"

1935年，他的七叔生意失败，置换院落，李健吾不得不搬家。当年春天，李健吾由七叔出资购置了西四牌楼（北大街）的房子。那时，他不仅已经有了妻女，还有一个弟弟李养吾与他同住，在西城某中学上学。有时，李健吾喜爱的侄女也会过来住一小阵子。李健吾感到了养家的压力，总不能就这样没有正经名堂地过日子吧。再说，妻子又怀上了第二个孩子。于是，他向郑振铎求援。

此时，郑振铎已经在国立暨南大学担任了文学院院长兼中文系主任。他向李健吾寄来了由国立暨南大学校长亲笔签发的聘书。

于是，李健吾决定南下，有正式职业生涯的日子开始了，一个二十九岁的年轻人开始了大学教授的生涯。

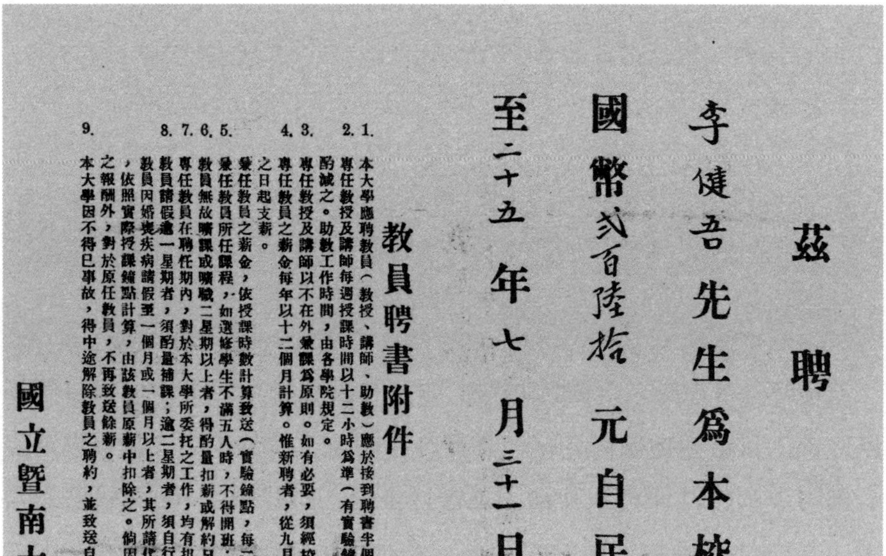

茲聘

李健吾先生為本校文學院專任教授月薪

國幣弍百陸拾元自民國二十四年九月一日起

至二十五年七月三十一日止此訂

教員聘書附件

1. 本大學應聘教員（教授、講師、助教）應於接到聘書半個月內寄回應聘書，否則，作不應聘論。
2. 專任教授及講師每週授課時間以十二小時為準（有實驗鐘點者，不在此限）；但兼任本大學行政職務者，其授課時間得酌減之。助教工作時間，由各學院規定。
3. 專任教授及講師以不在外兼課為原則。如有必要，須經校長許可，但不得超過六小時。助教不得在外兼課。
4. 專任教員之薪金每年以十二個月計算。惟新聘者，從九月份起支薪，至下年七月份止。其在上課後到校者，自到校授課之日起支薪。
5. 兼任教員之薪金，依授課時數計算致送（實驗鐘點，每二小時作一小時論）；每學期以五個月計。
6. 兼任教員所任課程，如選修學生不滿五人時，不得開班；其薪金亦即停送。
7. 教員無故曠課或曠職二星期以上者，得酌量扣薪或解約另聘。
8. 專任教員在聘任期內，對於本大學所委托之工作，均有担任之義務。

教員請假逾一星期者，須酌量補課；逾二星期者，須自行請人代課，但須得院長之同意。代課人之報酬，由教員自理。

教員因婚喪疾病請假至一個月或一個月以上者，其所請代課人之報酬，得由本大學直接致送；但以兼任教授或講師名義，依照實際授課鐘點計算，由該教員原薪中扣除之。倘因其他事故請假至一個月或一個月以上者，本大學除致送代課人之報酬外，對於原任教員，不再致送餘薪。

9. 本大學因不得已事故，得中途解除教員之聘約，並致送自通知解約之日起以後二個月之薪金。

國立暨南大學校長何炳松

1935年，国立暨南大学的聘书

在上海的十九年

在国立暨南大学

接到国立暨南大学的聘书后，1935年8月，李健吾一个人先去了位于上海的国立暨南大学，第二次怀胎的尤淑芬带着大女儿到娘家住。他的弟弟李养吾那时已经跟着七叔了，后来去外地求学，再大了些就参加了八路军。

李健吾说，朋友知道我的性格，“一到上海，朋友告诉我，上海方面有些人对我这个北方人来上海，很不满意，那时京派、海派之争正闹得厉害，我虽不在其内，也不得不回避一下”（《李健吾自传》，1981年《山西师院学报》）。提醒他的人是巴金。巴金还帮他找了一个院子，就在巴金住的霞飞村附近。其实在留学法国期间，巴金就和李健吾的哥哥李卓吾相识了，他俩都曾信仰过无政府主义。所以，在北平一见面，两个人就一见如故，就是性格不同，两个人的内心都是热情的，但是一个滔滔不绝，一个不善言辞。

安顿好以后，李健吾回到北平，将家小接到上海，此时二女儿已经满月。

国立暨南大学在真如，来往很不方便，于是李健吾又在真如找了一个院子住下来。在真如的两年，是他一生中最为安定舒适的。在这期间，来往的朋友都是在暨大教书的先生。课余，他就是伏案创作。

李健吾夫妇与两个女儿在真如的家门口

李健吾教授法国文学，年纪轻轻的，讲课效果却很好，一位学生后来回忆说：

他衣着朴素，身披长袍踏进课室，登上讲台时微微露着腼腆的笑容，投目环顾在座同学。看上去还不满三十岁，算是全校教授中最年轻的。他用流利的北京腔讲课，纵论欧洲历代文艺思潮，系统而又概括地引述古今文学流派之后，才重点地转到晚近和现代法国的小说戏剧。

学生对他是很敬爱的，授课之余，"师生谈笑漫无拘束，仿佛一家兄弟姊妹似的"。他还参加过学校组织的话剧演出。"校内曾公演讽刺剧《油漆未干》，见到他也登台，客串演出，说些尖锐的俏皮话，讽刺市侩们争买一幅无名画家的油画，只因画家将会成名，虽然油漆未干，行情却看好，所以才引起争购。他的舞台插话，顿时引发全场哄笑！”（吴楚《往事长流记忆》）

国立暨南大学对他也很满意，一年接着一年发给他聘书，直到上海彻底沦陷，国立暨南大学迁去了福建。1946年，暨大迁回上海。1947年，李健吾又收到了通过钱锺书转来的暨大的聘书。

那时，任明耀是他的学生，据任明耀回忆，李健吾的教学深受同学们欢迎：

精力充沛，学识渊博，年富力强，他戴着一副浅色茶色眼

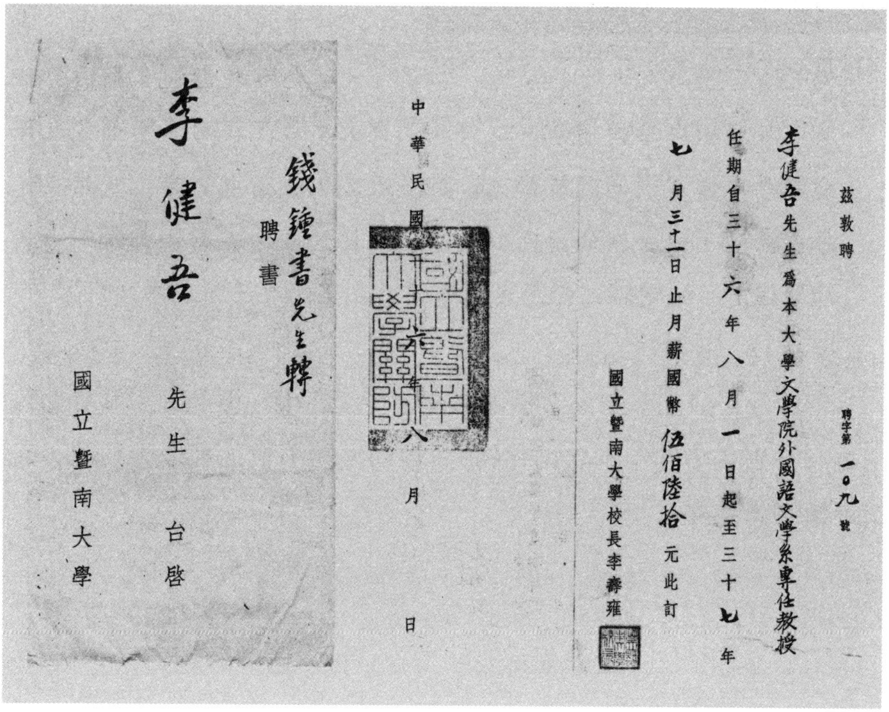
兹敦聘
聘字第一〇九號
李健吾先生為本大學文學院外國語文學系專任教授
任期自三十六年八月一日起至三十七年七月三十一日止月薪國幣伍佰陸拾元此訂
國立暨南大學校長李壽雍
中華民國 六 年 八 月 日

李健吾 先生 台啓
錢鍾書先生轉 聘書
國立暨南大學

1947年，国立暨南大学聘书

1948年在上海华铃的寓所

镜，给我们上课时，谈笑风生，语多精辟，经常发出爽朗的笑声。我们听他的课特别有味，不但没有精神压力，而且常常感到是一种艺术享受。当时系里不少名教授教完课以后，往往夹着皮包走掉了，不与学生接触。可是李先生没有一点教授的架子。他经常在课余时间带我们去观摩上海戏剧学校师生精彩的话剧演出，有时也带我们到电影摄影棚去参观拍摄电影的场景。这使我们大大扩展了视野，增加了在课堂教学中学不到的新鲜知识。有一次我们去看电影时，竟然在银幕上看到了他扮演的角色，同学们对他的多才多艺，都感到由衷的赞佩。（任明耀《怀念良师李健吾先生》）

李健吾和国立暨南大学学生的友谊持续终生。他经常为学生修改书稿，特别是华铃（本名冯锦钊），他们之间书信往来极为频繁，无话不谈。

《咀华集》和《咀华二集》

1936年10月，李健吾把之前写的评论中国文学的文章搜集整理成为一册小书，名为《咀华集》，署名刘西渭，12月底文化生活出版社正式出版。他在该书的“跋”中特别强调了：“犹如书评家，批评家的对象也是书。批评的成就是自我的发现和价值的决定。发现自我就得周密，决定价值就得综合。一个批评家是学者和艺术家的化合，有颗创造的心灵运用死的知识。他的野心在扩大他的人格，增深他的认识，提高他的鉴赏，完成他的理论。创作家根据生料和他的存在，提炼出来他的艺术；批评家根据前者的存在和自我的艺术，不仅说出见解，进而企图完成批评的使命，因为他本身也是一种艺术。”

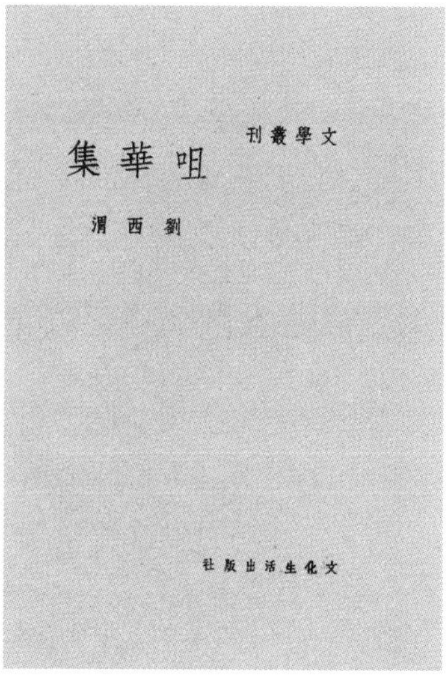

《咀华集》书影

在《咀华集》中，值得特别提及的是《〈爱情三部曲〉——巴金先生作》。他们不仅是朋友，巴金也是一个对他十分关注和给予了很多帮助的人。1935年11月3日，这篇文章在《大公报·文艺副刊》上发表的时候，却没有以吹捧的姿态出现。

他生活在热情里面，热情做成他叙述的流畅。你可以想象他行文的迅速。有的流畅是几经雕琢的效果，有的是自然而然的气势。在这二者之间，巴金先生的文笔似乎属于后者。他不用风格，热情就是他的风格。好时节，你一口气读下去；坏时节，文章不等上口，便已滑了过去。这里未尝没有毛病，你正要注目，却已经卷进下文。

用一个笨拙的比喻，读茅盾先生的文章，我们像上山，沿路有的是瑰丽的奇景，然而脚底下也有的是绊脚的石子；读巴金先生的文章，我们像泛舟，顺流而下，有时篷收帆停驶的工夫也不给。

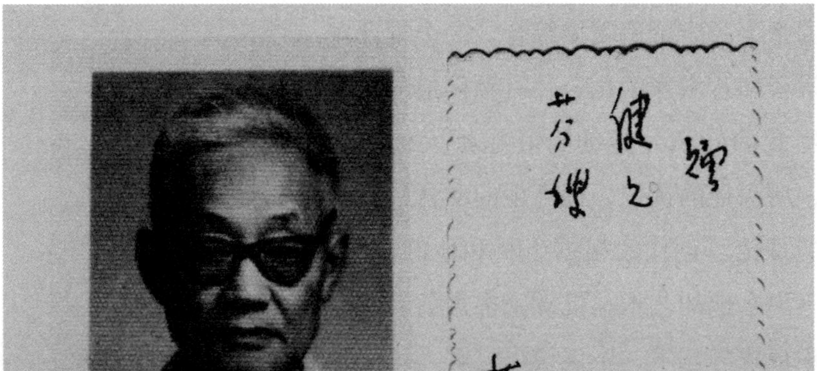

“文革”结束后，巴金赠李健吾夫妇的照片

巴金撰文《〈爱情三部曲〉作者的自白》，对他的批评给予反驳。接着，李健吾作《答巴金先生的自白》给予回应。两者之间进行了激烈的争论。李健吾认为，这是文学家之间的讨论。他把这两篇都收进了《咀华集》。特别是，这场讨论刚刚落幕，他对巴金写的《神·鬼·人》又发表了评论《〈神·鬼·人〉——巴金先生作》，却是完全肯定的态度，热情而中肯。李健吾坚持的批评家立场在这里表露无遗："他的对象是书，是书里含有的一切，是树立孕育这一切的心灵，试着心灵传达着一切的表现……这是批评的难处，也正是它美丽的地方。"

巴金在辩驳之余，还是非常赞赏李健吾的文字的："是这么流畅的文笔！你写得这么自然！简直像一首散文诗。"论争没有伤害他们之间的友谊。李健吾所有的剧本和翻译能够得以很快出版，背后都有巴金的努力和赏识。

当年，因对卞之琳《鱼目集》的评论所引起的争论是很难讲清楚的。从本意来讲，李健吾对卞之琳这样的新诗人是肯定的："胡适先生反对旧诗，苦于摆脱不开旧诗；现在，一群年轻诗人不反对旧诗，却轻轻松松甩掉旧诗。"李健吾用自己的理解来解释《圆宝盒》和《断章》，能够体会到他对卞之琳的诗的偏爱。但遗憾的是，卞之琳对李健吾的《〈鱼目集〉——卞之琳先生作》却不满意，卞之琳立即回应以《关于〈鱼目集〉》，强调"纯粹的诗只能'意会'，可以'言传'则近于散文了"，认为，他的圆宝盒是相对的，不象征现实；他的桥也不是连接过去与未来的现实，都是相对的。李健吾没有憋得住，又写了《答〈鱼目集〉作者》，结尾的几句话是：

诗人挡不住读者。这正是这首诗美丽的地方，也正是象征主义高妙的地方，等你猜出来以后，除去那点儿小小得意的虚荣之外，只是一个限制好了的呆呆的对象。但是，一首诗，当你用尽

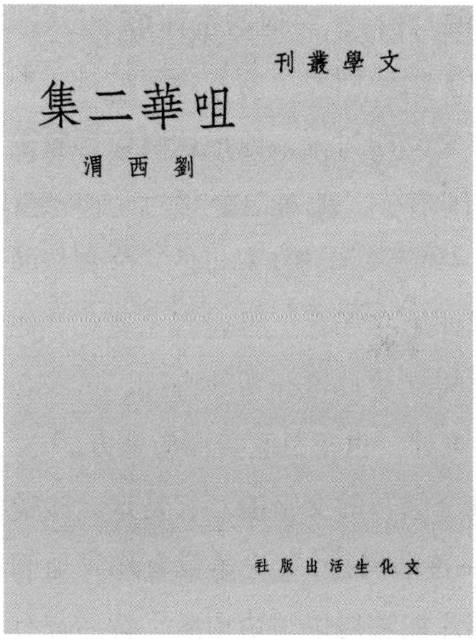

《咀华二集》书影

了心力，及时突然，你最后得到的不是一个名目，而是人生、宇宙，一切加上一切的无从说起的经验——诗的经验。

遗憾的是，就是这个“你”让卞之琳不依不饶，卞之琳立即写了《关于“你”》，让李健吾哭笑不得。最后，朱光潜出面平息了这场争论。

在这场论争中，卞之琳的固执和“刘西渭的苦恼”并没有伤害他们的友情。1937年8月，卞之琳到上海，没有居所，就住在李健吾家，还是天天争论。

1942年，《咀华二集》由生活出版社出版，收录了一些对外国文学的评论。遗憾的是，1945年日本宪兵逮捕李健吾时，这本书被毁掉了，同时书店的存书也毁之殆尽。1947年，再版的《咀华二集》是他后来重新整理的，只有关于中国作家作品的评论。

司马长风这样说：“三十年代的中国，有五大批评家：周作人、朱光潜、朱自清、李长之和刘西渭，其中以刘西渭的成就最高。”汪曾祺这样评价：“中国的评论文章写得活泼的，据我所知，有刘西渭（即李健吾）先生。”

《咀华集》和《咀华二集》是迄今为止中国现代文学评论史中的奇葩。

剧本创作

在国立暨南大学教书之余，李健吾还创作剧本。他创作的剧本往往是有了人物的形象，就随即下笔，花的时间并不长。

1937年5月1日，《文学杂志》创刊号出版，发表了他的《一个没有登记的同志》。孤岛时期，上海“星期小剧场”运动义务演出时，为了避免麻烦，将《一个没有登记的同志》改名为《十三年》。这个戏剧表面上是个小闹剧，但是骨子里是一出悲剧。李健吾在文化生活出版社1939年4月出版的《十三年》的“跋”中，交代了他写这出戏的起因：

> 有谁记得李大钊事件吗？十八个脑壳活活做了圣约翰似的殉难。我那时是一个和贫病挣扎的学生。躺在床上，静静地养病，我嫩弱的心灵静静地感味那些强烈的回应。我向自己说：有一天，我要写一部东西纪念这精神反抗的里程碑。这种意向渐渐在我头脑里起了作用，偶尔和朋友谈到，始终不敢著笔，这要包含两代人物的活动，自己年纪未免太轻。我也许写不出来，但是我不让它完全滑出手心。《十三年》便是我抓回来的一个小小枝节。

日文版《十三年》书影

剧情非常明了，一个侦探凭着最后的一点良心，放走了一对地下工作者。这样简单的一出戏，却写得十分吸引人。在李健吾晚年，日中友好协会的麻生明子看中了这个剧本《十三年》，把它做成了一本连环画在日本出版。

从1935年到1937年，李健吾完成的剧作还有《以身作则》《新学究》。《以身作则》曾改名为《徐守清》，写于1936年，文化生活出版社于1936年1月出版。

《新学究》是1937年的作品。有人对这部作品是有责难的。原因是李健吾以自己过去的一位老师为人物原型。

1939年以后的作品有《黄花》和《草莽》。《黄花》写的是一个舞女的遭遇，是由一位朋友讲述的一位少女的故事，引发了他的创作欲望，表达了对国民党在“七七事变”后所作所为的不满。巴金看到后很喜欢，在给李健吾的信中说：“在这平凡的少女身上，我们却看到了无比的勇气和力量。”

《草莽》是以他的父亲李岐山为人物原型，创作的一部辛亥革命传奇剧。1981年，宁夏人民出版社出版这个剧本时，改名《贩马记》。

《贩马记》扉页，1982年版

散文和翻译

1937年8月13日的炮火震惊了整个上海。这时，国立暨南大学迁入了公共租界，李健吾不得不跟着从真如迁入市区。这次搬家伤了李健吾的腰椎，引发了腰椎间盘突出，但当时一直被上海的医院诊断为风湿症，弯腰拄拐走路，疼得特别厉害的时候甚至起不了床。

开始，李健吾住在法租界巨赖达路的一座三层小楼里。李健吾和自己的不少朋友，如芦焚、卞之琳、施蛰存、戴望舒等等，经常在那里聚会，大家谈笑声风。师陀对李健吾有很深刻的印象，在《记一位"外圆内方"的老友》中，师陀说："他是个感情奔放，对朋友极端重情的人；他工作严肃，又是个爱活动的人；他有北方人特有的气质：治家严，简朴度日，自律甚严，对朋友讲义气；他对朋友有意见就讲，往往得罪人，过后自己倒忘了。用他的话说，他是外圆内方的人。""外圆内方"是对李健吾的性格最形象的表述，是他做事的原则。

李健吾一边从事教学、文学创作，一边继续福楼拜的翻译工作。福楼拜的翻译工作一直持续到1945年。

随着形势的发展，暨大南迁，朋友和学生纷纷离开上海，或去延安，或去西南。李健吾因为腰腿疼病，加上家小牵累，只能留在上海。

困守上海的日子里，李健吾每天通过报纸了解战况。一天，一个名字——牛小山跳进了他的眼里，根据报纸上给出的牛小山的出生地——山西西曲马村，他联想到，这就是那个和他一起在私塾里读过书的一位长工的儿子。牛小山居然成了一位英雄：炸毁了一座桥梁，杀了二十几个鬼子力竭而死。他拿起笔，写下了散文《匹夫》。

《使命》书影

李健吾对家乡的回忆性散文，再加上一篇对日本侵略者的讽刺杂文《匹克老烧勒三世》合成了一本散文集，取名《希伯先生》，1939年1月由文化生活出版社出版。

《希伯先生》书影

喜得贵子，居所变迁

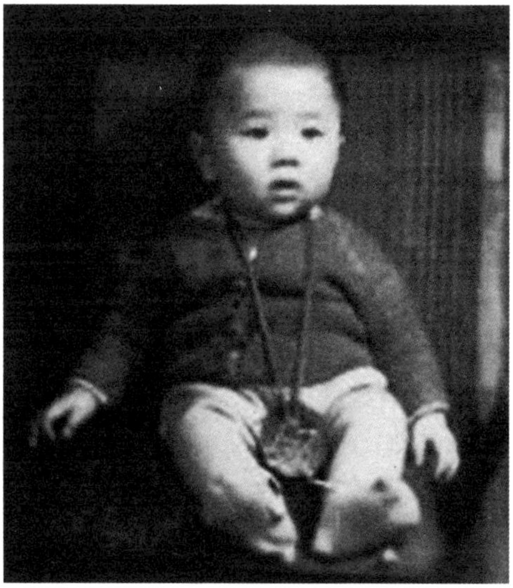

1940年，李健吾的小儿子李维楠136天时摄于上海万氏照相馆

1939年8月24日，我的弟弟维楠出生，小名小弟。据说，算命先生曾说，这孩子缺木，而木中之王是楠木。这对李健吾夫妇来说是一件喜事，前面两个女儿，终于盼来了一个男孩。

1940年春，家里的成员多了，可是李健吾的同事（孙大雨）存放东西所占的地方越来越多，李健吾一家人进出都很不方便。1940年春，无奈之下，李健吾只能先把家人送回北平，借住在岳父家，自己在上海另寻住所。最后，在紧挨上海殡仪馆的徐汇区多福村弄堂里五号楼底层，租了三间房，属于三房客。二房东住在二楼，人挺和气。底层有两个出口通到外面的弄堂，对着大弄堂的房间是一家人的卧室，有门直通弄堂。5号楼侧旁有一个小过道，拐过去的侧墙又是一个门，然后紧

李健吾夫妇与李维楠

挨着6号住户。二房东从侧门上二楼，楼梯隔着门道就对着李健吾家的厨房兼贮藏室。从1940年10月起，李健吾一家一直住到1945年7月初，全家离开上海，逃去安徽。李健吾也就是在这里，被日本宪兵逮捕的。

因为这个弄堂隔墙就是上海殡仪馆，李健吾曾经为此闹出过一个大笑话。1945年4月，在参演《金小玉》时，因为赵丹所扮演的角色需要吸烟，吸的又是很劣的烟卷，不会吸烟的李健吾被熏得一进后台就晕倒了。醒来后，已经是凌晨4点多了，他雇了辆黄包车，对车夫说地址是“上海殡仪馆”。这段笑话一直在朋友中流传。1978年，柯灵等在巴金家里说到此事，大家还是大笑不止。

健吾兄嫂留念

弟柯灵

1978.4.5

此照摄于老巴家。当时正在谈兄登台演《金小玉》掌故，合座笑不可仰，兄可于相片中觇之。

1978年，朋友谈起李健吾关于上海殡仪馆的趣事

在上海剧艺社

左二李健吾、左四于伶

1938年春夏之间，李健吾的一位女学生张可来找他，约他参加一个聚会。当时，张可是一名地下党员，既搞翻译，又热衷于写戏和演戏，参加了“星期小剧场”。那次聚会是在一个新开张的锦江茶室，地下党于伶牵头组织的，主要是为了团结所有留在上海从事话剧活动的同志。从此，李健吾和于伶相识了，两者互相仰慕。李健吾也开始了他在上海孤岛时期的话剧活动。

于伶过去组织过剧团，不十分理想，想在上海组织剧院。法租界为了保持中立，未能批准。李健吾加入后，即以法国留学生的名义，通过高层人士斡旋获得了法租界的批准。在中法联谊会戏剧组的名义

李健吾和上海剧艺社同仁的合影，前排左一李健吾、右一于伶、右二李伯龙；后排左二陈西禾、左三唐槐秋

下，1938年7月上海剧艺社在正式成立。

上海剧艺社成立后，演出的第一出戏就是后来上海市立实验戏剧学校的第一任校长顾仲彝编写的《人之初》。李健吾在台前台后张罗，就像当年担任国立清华大学戏剧社社长时一样。

《爱与死的搏斗》剧照

上海剧艺社接着演出的就是由李健吾改编的《爱与死的搏斗》（罗曼·罗兰著）。其实，罗曼·罗兰的这出戏，中国早就有人翻译过，译名是《爱与死的角逐》。导演坚持要李健吾重译。李健吾和于伶商量，认为在当时的环境下，翻译成“搏斗”，战斗意味更浓。因为，李健

「愛與死的搏鬥」本事

人世有許多意想不到的事蹟：幸福的人不一定要活着，活着的不一定就有幸福。有人活着爲了愛情，有人爲了信仰，有人爲了理想，可是同時就有人視死如歸，也爲了愛情，爲了信仰，爲了理想。這裏有一件事是清楚的：他們不爲自己活，也不爲自己死。他們偉大的人格形成他們崇高的舉止。

一個飢寒的冬天方才過去。現在正是丁香花盛開的三月末梢，顧爾茹瓦希耶夫人約了四位老少朋友一同來欣賞明媚的春光。他們唱着歌，跳着舞，做着愛，好像已經忘掉彼此的憂患。但是，誰忘得掉？街上過着上斷頭台的囚犯行列，報上登着列強的軍事行動。國會方面還在做些自相殘殺的勾當。幾個月以來，巴黎的山嶽黨把吉隆德省的國會議員收拾了一個乾淨，如今又輪着山嶽黨在分裂火併。什麼時候是個了局呢？親友全死光了。活着的也朝不保夕，天天在出賣自己的親友。

幸福的似乎只有顧爾茹瓦希耶夫婦。人人羨慕，但是，誰也想不到他們的結合早就有了裂痕。顧爾茹瓦希耶對于政治的信仰起了動搖，漸漸由沈默而中立，由中立而反抗，終于決然和暴力分手。鐵面無私的統治者洛布斯比耶要他投票判決革命元勳黨東的死刑。他沒有投票，擅自離開了會場。他年輕的夫人這時正在家裏款待她的情人法萊。

這是中央政府通緝的一個罪犯，死裏逃生，從吉隆德省冒了萬險來到巴黎，只爲重溫一下他的舊情。他嚐夠了人情世故，如今愛情是他僅有的一線光明。他來的時候恰好趕着顧爾茹瓦希耶夫人和客人談笑。一個叫做巴姚的老頭子害怕連累自己，先暗地向當局告發了法萊的行踪。公安委員會的軍警眼看就要搜查來了。

顧爾茹瓦希耶發覺法萊是他的情敵。他沒有出賣這英勇的亡命者，把人家爲了救了他而給他的冒名護照轉送過去。法萊可以替他陪伴他年輕的夫人離開巴黎，一同奔往自由的瑞士。顧爾死瓦希耶夫人聽見他的安排，靜靜地燒了她那一份護照。她決計留下陪着她捨身取義的丈夫。她要跟着他一塊兒殉難。

現在他們恢復了那久已失去的新婚的幸福。生帶走了痛苦，死帶來了平靜。黃昏來了，軍警逮捕他們來了。

爲什麼要把生命給了我們？

爲了克服生命！爲了最後勝利！

暫時的是現實，永生的是理想：最後的勝利是你們的，死去罷，你們爲人類活着的戰士！

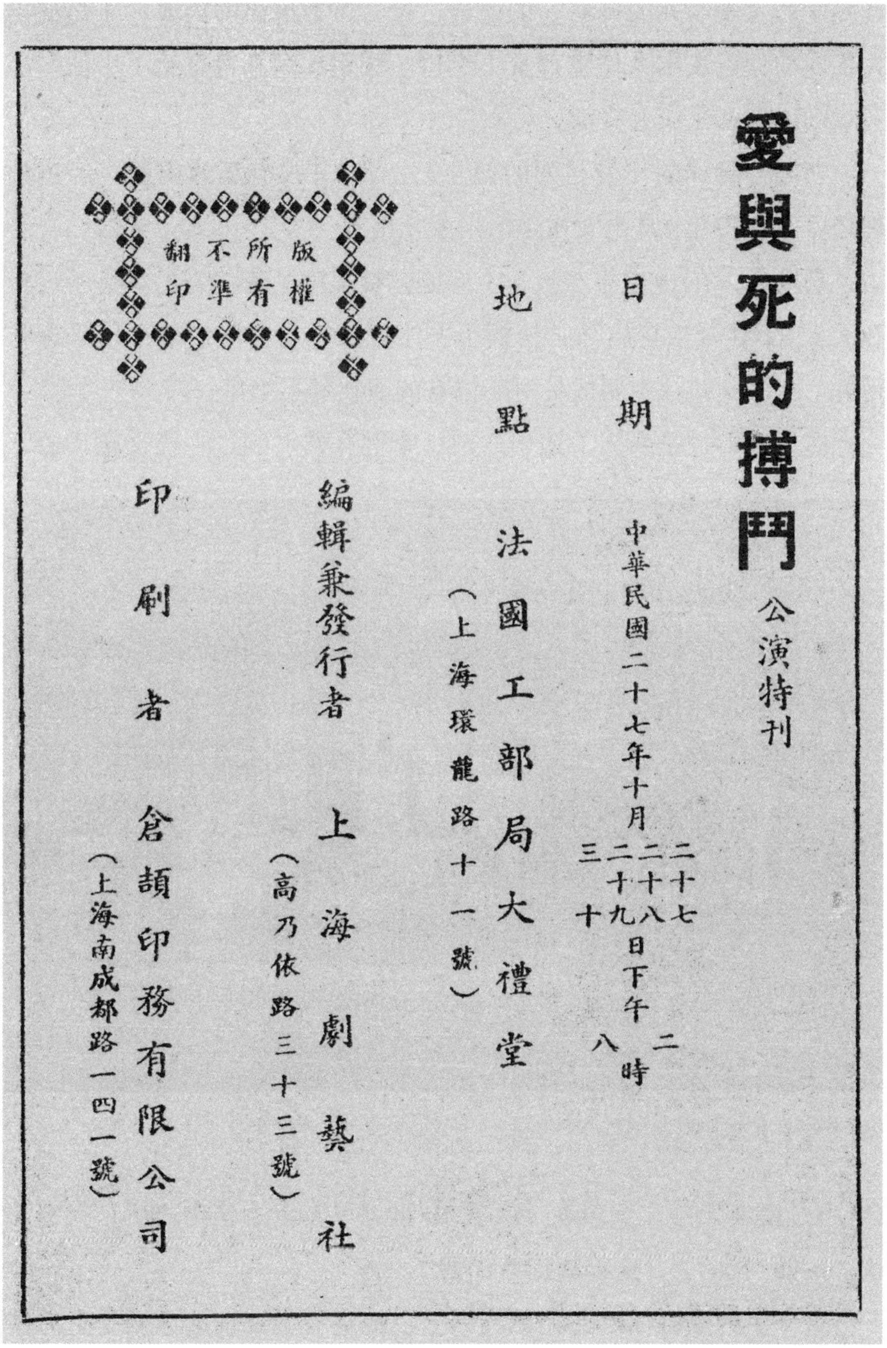

愛與死的搏鬥

公演特刊

日期　中華民國二十七年十月二十七、二十八日下午二時

二十九、三十日下午八時

地點　法國工部局大禮堂（上海環龍路十一號）

編輯兼發行者　上海劇藝社（高乃依路三十三號）

印刷者　倉頡印務有限公司（上海南成都路一四一號）

《爱与死的搏斗》公演特刊

吾翻译的《爱与死的搏斗》的语言，符合舞台演出的需要，于是演出大获成功，连法国大使馆都赞不绝口。法租界后来特意给了中法联谊会戏剧组二百元作为奖励。

李健吾翻译的《爱与死的搏斗》，当时并没有正式出版。经过整理之后，1939年9月由文化生活出版社出版。

紧接着，在1939年春天，上海剧艺社上演了李健吾的《这不过是春天》，李健吾亲自出马，扮演了警察厅长一角。演出效果出乎意料得好，上海剧艺社主要成员对李健吾的演技赞不绝口。

在《这不过是春天》演出之前，李健吾曾发表过一篇文章《放下

《这不过是春天》剧照

〈这不过是春天〉》，发表在《文汇报·世纪风》上。演出之后，大家都说，不能“放下”，这部戏连着加演了三场。

这一年的戏剧活动还是相当频繁：他观看了夏衍的话剧《上海屋檐下》，在《戏剧杂志》1940年第4卷第6期发表了对《上海屋檐下》

的评论文章《上海屋檐下》(后来改名为《论夏衍》，收入《咀华二集》)。9月参加了曹禺编导的《正在想》，扮演剧中的“老窝瓜”。

1948年，李健吾饰曹禺编导的《正在想》中的老窝瓜

在1942年之前，李健吾始终没有全身心地投入到戏剧活动当中。1939年，国立暨南大学南迁后，1940年8月，他被上海中法孔德研究所聘为研究员，主要是编写《法国文学史》。他先后完成了《罗朗歌》和《法兰西的演绎诗》，后来这两篇在《学林》上发表。李健吾真正全力以赴地投入到戏剧活动中，是1942年3月以后。

全身心地投入上海话剧运动

1941年3月14日深夜，于伶到李健吾家，说自己要去香港，并请李健吾多多关照上海剧艺社的活动。于伶离开上海后，李健吾曾出任上海剧艺社演出部部长。那时，一方面他手头还有法国文学的翻译研究工作，另一方面上海剧艺社内部组织也比较松散。上海剧艺社本来是地下党集会活动的地方，李健吾又不是党员，说话没分量。1941年8月以后，黄佐临等人就陆续退出了上海剧艺社，单独组织了上海职业剧团。

上海全面沦陷后，日本人对戏剧演出审查日严，许广平被捕，受

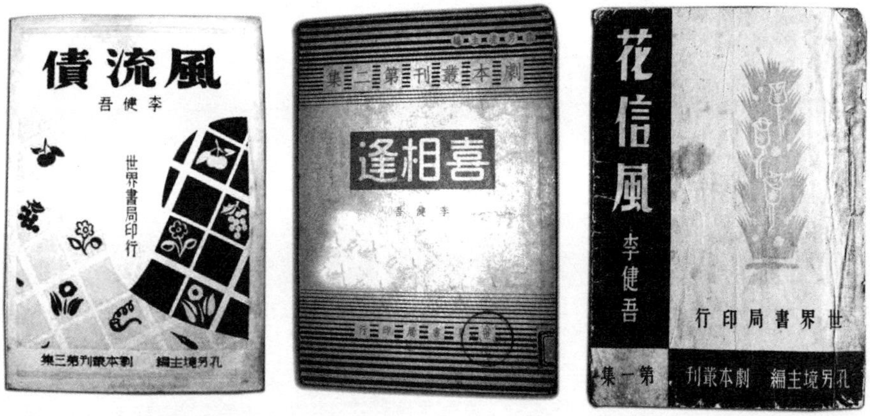

李健吾的部分改编剧

李健吾（左一）在《艳阳天》中扮演董事长

到残酷迫害；郑振铎不得不隐匿；上海剧艺社和上海职业剧团不得不解散。1942年春，上海中法孔德研究所也解散了。此时，李健吾完全失业了。尽管这样，他也没有应周作人的邀请，回北平教书。

从1942年春末开始，李健吾就和黄佐临等人一起寻找话剧的演出机会。从这时到1944年底，他没有再写剧本，而是从事改编剧。当时，上海话剧团演出的剧本几乎都是他的改编剧。李健吾改编过巴金的《秋》、张恨水的《满江红》《啼笑因缘》，另外还有许多外国剧本，改编法国剧作家萨尔度的有《花信风》《喜相逢》和《风流债》，改编自《费加罗的结婚》的《艳阳天》，改编自《麦克佩斯》的《王德明》，改编自萨尔度《托斯卡》的《金小玉》，还有《阿史那》等等。

李健吾的剧照

兰心戏院

1943年5月，李健吾在报上看到了杨绛写的喜剧《称心如意》，十分喜爱，于是推荐演出。在公演（5月18日）之际，在“演出特刊”上发表文章《〈称心如意〉演出前言》，并在该剧中饰演徐朗斋。

1943年10月10日，以黄佐临、柯灵为首的苦干剧团成立，成员有李健吾、陈西禾、赵丹、白文等等，阵容庞大。他提供剧本，并参与演出。演出的地点有兰心大剧院等。

在那个时期，李健吾虽不能走上战场，但在上海从事的话剧活动，既是为了维持生计，也是另外的一种战斗形式。他在《切梦刀》里写道：“即使不是为了我们，而是为了儿女，我们也得拼了一切，争回自由的土地，舒适的呼吸，好做一个无往而不健全的人，真正的人，具有一起向上意义的人。”他在《与友人书》中表示：“我是一个小民，没有政治野心，影院只为这小小的良心留些许安宁。……我跳出了象牙之塔，扔掉了清高，甩开了诱惑，从此以戏剧为生，成了士大夫不齿的戏子。”

被捕，逃亡

1944年4月，李健吾完成了改编剧《金小玉》。故事发生在20世纪20年代的北京，一个女伶为了救出以前的爱人、一个年轻的革命者，不惜出卖自己的肉体。剧中那位心理变态的施暴者，说着结结巴巴的中国话，还有拷打的场景，使人很容易联想到当时的日本侵略者。

1944年9月，《金小玉》在上海的巴黎大戏院上演，一炮打响，票房保持了两个月的满座。这样演出效应惊动了日本宪兵队。

1945年5月15日半夜，日本宪兵队突然来到了多福村的小弄堂，车辆停满了弄堂。他们从5号侧门冲入，直奔2楼。他们绝不会想

《金小玉》剧照

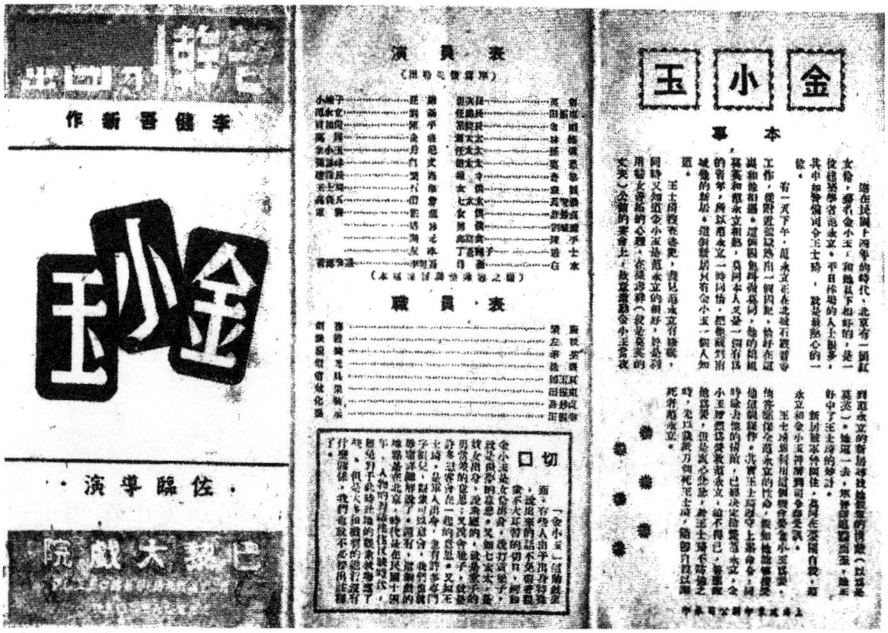

《金小玉》演职员表

《金小玉》书影

到，在上海有那么大名气的戏剧家，会是一个居住在底层的三房客。当晚，他们带走了李健吾，但是从家里并没有搜出什么有价值的证据。

在监狱里，李健吾受尽了残酷的水刑。日本特务说，他在《金小玉》的剧本里污蔑了日本宪兵，同时，逼他说出和革命党的关系。李健吾承受了一切，什么也没说，没有伤及一个朋友。半个月后，国立清华大学同学孙瑞璜代付了保证金，并找人做了疏通，李健吾被释放了。出狱之后，李健吾被要求定期与日本宪兵头子会面，汇报自己的行动。

这些被抓的经历，李健吾都在《切梦刀》里做了详细描述。

1945年4月，苦干剧团上演了李健吾的改编剧《王德明》，这次的演出费用让他还清了孙瑞璜代付的保证金。

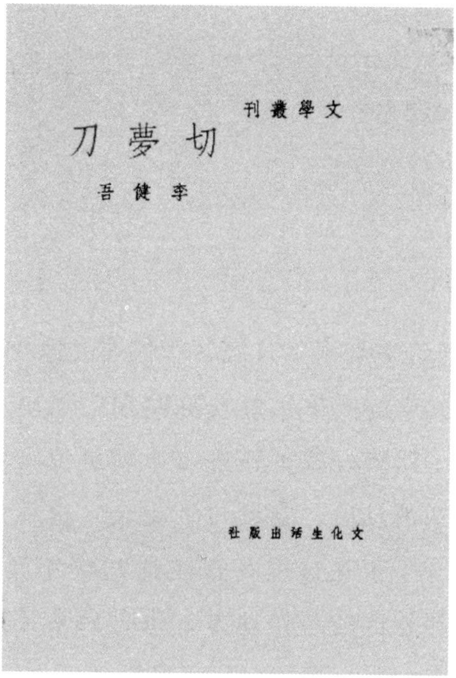

《切梦刀》书影

1945年6月，柯灵二次被捕，腿被打折，李健吾决定逃离上海。在友人的帮助下，一个深夜，李健吾先离开了上海，而后在走私商人李化夫妇的协助下，尤淑芬带着四个孩子也离开了上海，和李健吾在杭州会合，他们一家一起逃亡到安徽屯溪。在去屯溪的途中，李健吾被在国民党工作的国立清华大学校友朱君惕认出来了，并告知了当地的国民党负责人吴绍澍。在屯溪，李健吾受到吴绍澍手下毛子佩的热情招待。

到屯溪不久，就传来了日本投降的消息。在回上海的途中，李健吾又误搭乘了国民党陈立夫兄弟雇佣的船只。

这些逃亡经历中的遭遇，给他的后半生带来了不少麻烦。

华业公寓的家

1945年8月底，李健吾一家匆忙回到上海，先借住在国立暨南大学的同事、好友陈麟瑞的家里。抗日战争刚刚结束，上海的房子比较好找，正好一个朝鲜浪人要退房，李健吾通过一位朋友得知消息后，立刻付了租金，这就是在华业公寓的一个住所。李健吾一家在这里一直住到1947年底。这个套房有一间较大的客厅，那是他的写作地方，也是后来《文艺复兴》杂志编辑部的工作地点之一。当年，房间里堆满了报纸杂志，年轻的编辑来来往往。

1945年9月以后，大批撤离人员陆续回到上海，房子开始紧张起来，郭沫若的夫人为此还发过牢骚说，我们要搬家了，可是还找不到固定的房子。（《沫若夫人的烦恼》）。在这种情况下，社会上对李健吾能有那样的住房，就有些风言风语了。

夏衍在1937年12月离开上海时，曾让李健吾做自己的戏剧上演版权费的代管人。1946年9月，李健吾在华业公寓的家里接待了从重庆来上海的夏衍，并把《上海屋檐下》的上演版权费交给了夏衍；夏衍则给他带来了两份周恩来委托的文件：中华全国文艺界抗敌协会的慰问信和《调查附逆文化人的决议》。慰问信上抬头：景宋、（郑）振铎、（夏）丏尊、（王）统照、健吾诸先生并转在敌

华业公寓铭牌

人铁掌下坚贞不屈的文艺界先生。信函中，还专门希望许广平、郑振铎和李健吾三人负责约集人员和推动调查工作。

《铁报》上的“旁敲侧击”

回到上海，李健吾碍于情面不好推却已经任上海市长的吴绍澍和在政府里任职的毛子佩及朱君惕的热情邀约，只得答应协助市党部的工作。具体来说，就是担任宣传部编审科科长，但是李健吾只答应先做一个月。

1945年9月1日，李健吾开始上班。对李健吾这样不愿意做与党派搭边的事的人来说，这既是一种无奈但也有现实的考虑。当时，李健吾想做两件事，1958年在《自传》里曾说：“想弄一个剧院到手，又想骗一张路条，到南京把汉奸岳父护送到上海来。”

一个月之后，李健吾就以身体不好为由辞职了。辞职原因，他在1950年《我学习批评和自我批评》中写道：“偶尔看到重庆一通密电，大意是防止共产党人员从重庆来到上海活动。当时报上正在宣传统一战线，眼看毛主席就要飞到重庆，而事实上却密令防止共产党活动。我平生顶顶恨的就是搞阴谋、捣鬼，自己本来不是国民党，何苦夹在里头胡闹。”

这次工作经历没有为岳父出上一点力，倒为创办上海市立实验戏剧学校打下了基础。

虽然辞去了工作，但是从1946年5月1日起，李健吾又被邀请以

“法眼”为笔名，在《铁报》上的一个小角落，负责主笔一个小栏目《旁敲侧击》，揭露和讽刺当时的社会黑暗。他没有意识到这是国民党的党报，又想赚些稿费，于是就答应了。得到郑振铎的提醒后，李健吾于1947年9月停止了这份工作。当时，他写的那些杂文却是真正在“旁敲侧击”社会问题。

中華民國三十五年十月一日　星期二　復刊第三一四號

鐵報

地址：上海新聞路一〇一三弄四號　電話三七九四六

今日本報一張　售法幣一百元

內政部登記證京警滬字第七號　發行人：毛子佩

明星雪花　最甜最香　上海明星香水廠出品

外匯再度調整・洋貨國貨全部漲價

積・居奇・狂漲之風掃蕩上海

兩星期內各物上漲

一被人撞・鈔票飛去

《铁报》影印件

匙·積賊落網！

滑頭藥房昧良心

老闆娘專售春藥

小新聞

旁敲側擊

◇馬寅初講演概述最高經濟委員會組織的內幕，謂：組織提案已經立法院打消，事實上該會業已成立，宋院長理由爲：立法委員不是民選的，不必理會。從知宋院長極民主，而政府中民選的大約只有行政院也。

◇日本一婦人將一新生混血嬰孩獻給麥帥。如果效顰戰敗國，則如吉普車前走得太慢的該死者之類，可送杜總統者各色禮物正多。

◇海軍造船所長吳趣時，以藏匿價值千餘萬元之造船機械被扣候訊，可謂誤於趣時。

◇人力車決定十一月起淘汰十分之一，救濟辦法是給車夫小本貸款，領者自然只好做攤販。於是車夫無不恐慌，令人不解。

《铁报》上的“旁敲侧击”

5月7日，五则“旁敲侧击”——

·凯旋了，可喜可贺。那红红的是什么颜色？吃了八年苦的老百姓和打了八年仗的弟兄们又在流血。那响亮的是什么声音？是冲锋的军号，是催战的战鼓。那中间又是什么人在欢呼？是发过了抗战财又发胜利财的官商合唱队。他们在欢迎内战，准备再发一次内战财。

·凯旋了，成千上万的老百姓回不了家。从五月起，火车涨价了，轮船涨价了，没有一样东西不涨价，就是一封平安信也寄不起了。

·凯旋了，老百姓饿得树皮也啃不动了。

·一无事事的国大代表白吃白喝，“吃住交通，筹委会仍与供应”，谁也发发慈悲，送送那些不为名不为利八年来随政府流亡的老百姓？

·凯旋了，老百姓的代表和统治者，可喜可贺。

11月3日四则“旁敲侧击”——

·中国医院之任务极为“人道”。北平有教员自刎，上海有车夫被殴，全国有穷人被汽车碾伤，凡送医院，必遭拒绝收容，拒绝后必死。或曰，成人之死，美德也，德之最焉。

·社会卫生两局从不过问医院“拒收”事件，诚有所本。所本者何？疑即“人口过剩政策”是也。医院如索“血本”，两局将大窘，不问为得。

·我若是当局，必随时到公私医院走走，看看生病的市民，需多少钱，将死路活。

·英国政府声明不干涉日本纺织业，纺织中心的兰开夏加以驳斥，并愿知日本近邻“中国政府的政策与中国工业家的态度。或曰，中国工业家极欲防患未然，苦无能力，中国政府则正等候美国指示，俾得决定一独立自立的政策”。

写专栏之外，在这段时间前后，李健吾还写一些其他抨击社会现象的文字，比如《山西没有日俘》讽刺阎锡山留用日本军队，载1946年4月7日《铁报·二百天目睹之怪状》。

为创办上海市立实验戏剧学校奔波

日本人投降后，李健吾觉得上海戏剧人才济济，用这些人办一所戏剧学校，可以为各演出团体培养演员。他和黄佐临商量，然后起草了一份报告，两人共同签名，在报告中申请成立上海私立戏剧专科学校。

上海市立实验戏剧学校同仁合影，左起：孙瑞黄、朱端钧、李健吾、熊佛西、赵铭彝、魏照风

1945年10月，李健吾去了上海市政府，找到了国民教育处处长朱君惕。朱君惕带他去见了教育局局长顾毓秀。顾毓秀支持这个建议，还建议把“私立”改为“市立”，为了保障今后的学校经费，又建议筹备人员加上顾仲彝。当时，顾仲彝正在社会局担任戏剧和

电影处的副处长。后来，校名为上海市戏剧学校，校址则是李健吾在编审科工作时参与接管的一座日本的小学，四层楼，在虹口区横浜桥附近。

当时，上海市戏剧学校的校长最初由顾仲彝担任，后来是熊佛西。李健吾对于这些都无所谓，他想要的就是有个学校，就是为了培养戏剧人才。为了学校能够有个演出地点，他和黄佐临、顾仲彝去虹口区查看原来敌伪留下的影院，看中了三家，办理了接管手续，其中一家，改名为海光剧院，由李健吾担任经理。

后来，中央文化运动委员会（即文运会）主任委员张道藩介入了学校。首先，张道潘不同意上海市再办戏剧专科学校，因为南京已经有了一座。为此，顾仲彝建议，校名改为上海市立实验戏剧学校，第一关算是通过了。然后，三座刚接管的剧院，张道藩看上了其中最好的一座，坚持文运会要用。顾毓秀、顾仲彝和李健吾都无言以对。作为抚慰，张道藩给了顾仲彝和李健吾每人一个南京政府文化委员的虚衔。

不管怎么样，1945年11月，学校终于可以招生了，从申请办学到公开招生，就只用一个月。1945年12月1日，学生正式上课。当时，李健吾的职务是上海市立实验戏剧学校剧院主任。后来成立研究班，李健吾又出任研究班主任，教授课程是编剧和西方戏剧文学分析。

上海戏剧学院的健吾楼

上海市立实验戏剧学校就是上海戏剧学院的前身。为了纪念李健吾，上海戏剧学院的行政大楼被命名为“健吾楼”。

编辑《文艺复兴》杂志

1946年1月10日，郑振铎、李健吾等在上海创办了《文艺复兴》(月刊)，郑振铎、李健吾主编。李健吾在1979年的《关于〈文艺复兴〉》中回忆说：

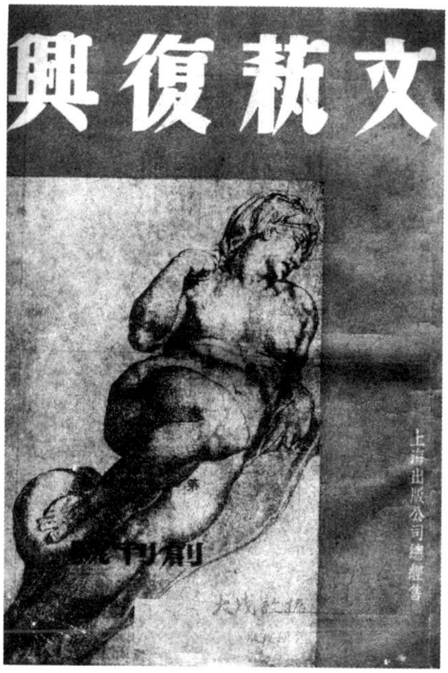

《文艺复兴》创刊号

> 出这样一种大型杂志，完全是振铎的主意。他为什么看中了我，可能有这么几个原因：一则是，我在贝公馆（即日本驻沪宪兵司令部）受尽折磨，没有出卖朋友，根本就没提起他和我的交往关系。在日本宪兵萩原大旭审问我怎么样到的暨南大学当教授，我就跳过了他（他是文学院长)，说是校长何炳松看到我在《文学季刊》上发表的关于《包法利夫人》的论文，就打电报约我到上海教书的。萩原大旭觉得这话尽情尽理，大概在日本是这样的，也就相信了

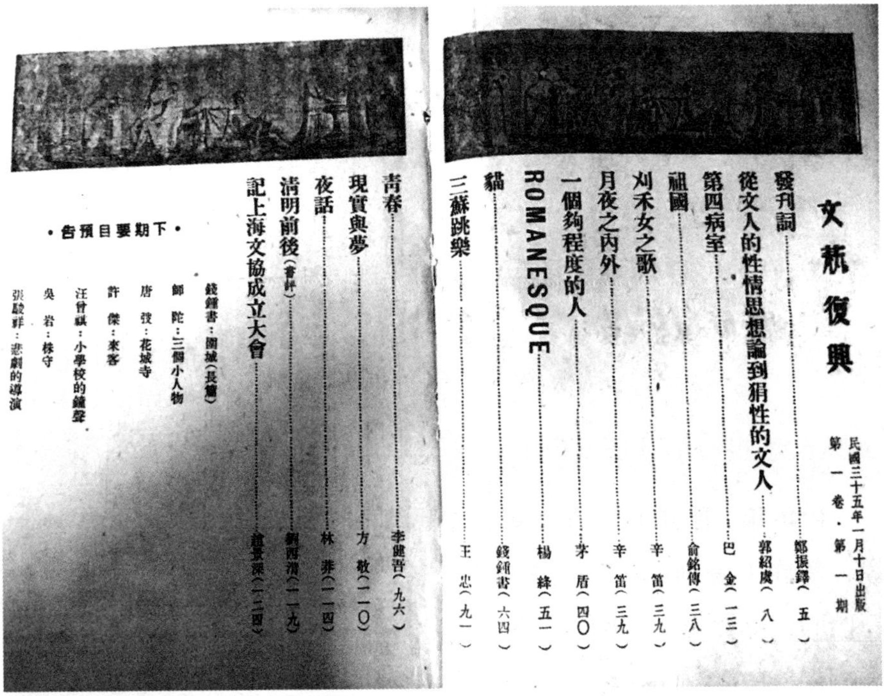

文藝復興

民國三十五年一月十日出版

第一卷・第一期

・下期要目預告・

錢鍾書:圍城(長篇)
師陀:三個小人物
唐弢:花城寺
許傑:來客
汪曾祺:小學校的鐘聲
吳岩:株守
張駿祥:悲劇的導演

《文艺复兴》创刊号目录

我的话。二则是由于我思想上有些中间偏右,他为了团结广大的投稿人和读者起见,挑我这个小兄弟来,做他的助手。三则是,他清楚我刘西渭不搞个人主义和小圈子,对任何人、任何事不存私心,可以避免祸根,单从当时的投稿人的姓名上,就可以领会一切。

《文艺复兴》,这个杂志名让李健吾想到了他在意大利看到的油画作品。李健吾对在意大利看到的那些油画作品有很深刻的印象,每一卷的《文艺复兴》他都以一幅画做封面,第一卷用了意大利文艺复兴时期米开朗琪罗的作品《黎明》,意味着胜利了,人醒了,事业有前途了。第二卷是米开朗琪罗的作品《愤怒》,表达了对国共谈判破裂,内战开始,人民流离失所的愤怒。第三卷选用了西班牙画家高讶的《真理睡醒，妖异出世》，意味着当时上海乃至整个国统区民不聊生，走投无路，一片黑暗。

《文艺复兴》几乎聚集了当时在上海所有有名望的作家，第一期创刊号就刊登了郭绍虞、辛笛、巴金、茅盾、钱锺书、杨绛、李健吾、赵景深等人的作品。

办《文艺复兴》时，李健吾不光重视名家的稿件，也注意培养文学新人。当时，还在致远中学教书的汪曾祺，《文艺复兴》就连发了他的数篇小说，引起了文学界瞩目。唐湜成为诗评家，也是在《文艺复兴》起步的。当时，唐湜仰慕李健吾的书评风格，曾登门求教，自诩为私淑弟子。钱锺书夸奖唐湜是“青出于蓝”。

在《文艺复兴》编辑部工作的阿湛，平日也写小说，李健吾总是给予细心指导，有时也予以刊发。正是李健吾的提携，当时的阿湛成了与汪曾祺齐名的青年作家。这样一个很有才华、也很有前途的青年作家，新中国成立后被打成“极右派”，被送往青海劳动改造，惨死在那里。晚年，想到阿湛的不幸，李健吾感慨不已：

> 想着汪曾祺，再想想阿湛，一样从《文艺复兴》迈步，两样结局，假如你能读到《文艺复兴》，能不为这位奋发有为的落魄的小说家叫屈？想到这里，我不禁为之怅然者久之。
>
> ……死的最可怜的，莫过于阿湛，戴着一顶“极右派”的帽子，远死在青海，孤零零一个人，这初出犊儿的小说作者就这样无声无息地夭折了，命也夫！ 多有希望的一位年轻人！谁能断言他今天不会成为另一个汪曾祺呢？

办刊物是需要雄厚的经济实力的，可惜《文艺复兴》没有，背后支撑的仅是一个小型私营企业——刘哲民经营的上海出版公司。《文艺复兴》每册售价都低于成本价，就这样，生活穷困的普通人还是买不起。

到了1947年8月第三卷出完，就有点办不下去了。1947年8月19日，由郑振铎、李健吾具名，邀请郭沫若、茅盾、巴金、曹禺、靳以、钱锺书、杨绛、艾芜、臧克家、马宗融、王辛笛、唐弢等人，在晋成钱庄聚餐。席间，郑振铎陈述了出版公司的难处，并恳请

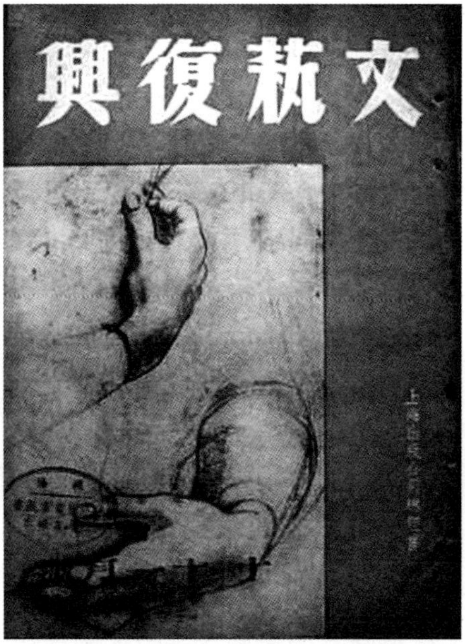

《文艺复兴》最后一卷

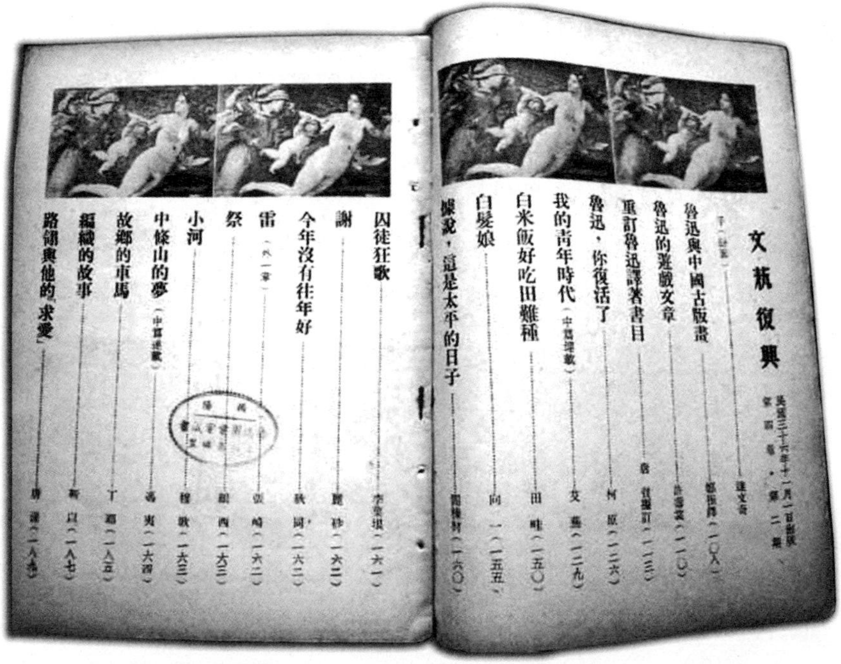

《文艺复兴》第四卷第二期

大家鼎力相助。大家都签了名，表示愿与刊物共度时艰。郭沫若慷慨陈词："你们就是不发稿费，我们也为你写稿。"（韩石山《李健吾传》）

1947年11月，第四卷出至第二期后停刊。1948年9月起，勉强出了《中国文学研究专号》的上卷和中卷，1949年8月初《中国文学研究专号》的下卷才面世。郑振铎在1949年2月离开了上海。李健吾也因为《和平颂》的风波，于1947年年底就搬离了华业公寓，离开了上海文化界一些"左" 派对他始终看不上眼的环境，专心于创作和教学了。

编辑《文艺复兴》期间，尽管非常忙碌，李健吾还是在翻译法国文学作品，譬如埃斯库罗斯的《普罗米修斯被绑》，1951年由平明出版社出版。

《和平颂》的风波

1946年底，李健吾完成了对阿里斯多芬的《妇女公民大会》的改编，取名《和平颂》。改编这个剧本一是出于激愤，受了无尽的日本侵略战争的苦难，内战又要起。他经历过苦难，深感人民需要和平、需要安宁。匆忙地改编这个剧本，还有一个原因，就是作为上海观众演出公司赖以演出的场地辣斐大戏院已经冷场了很久，欠下巨额债务。出于对朋友的帮忙，李健吾答应写一个剧本。改编完成后，李健吾把剧本交给了上海观众演出公司，为了吸引观众，他还把剧名改为通

辣斐大戏院

丁聪为《和平颂》作

俗的《女人与和平》，导演是洪深。李健吾、洪深商量，为了吸引观众，采取了更多希腊闹剧（笑剧）的形式，第一场还多少带点希腊“色情”味儿。

1947年1月，这出戏正式在辣斐大戏院上演。当天，《文汇报》发表了丁聪为演出画的漫画，洪深、柯灵、凤子、叶圣陶等写了祝贺的诗文。演出非常轰动，对寂寞了很久的上海，这可真是一件大事。戏写得有趣，一个女人到阴间去寻找战死的丈夫。政治意味十分含

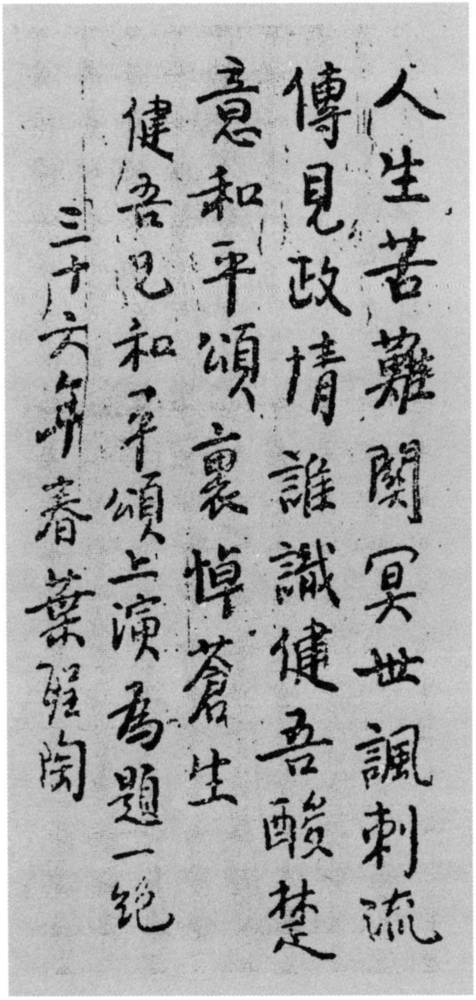

叶圣陶题诗

蓄，但是观众在看完了之后，还都品出了“反对内战”的含义。

可是，完全出乎意外，这一出寻求和平、场场客满的戏，却引来了极不和平的论战，甚至是对李健吾的人身攻击。

2月7日、22日，《文汇报》上开始出现一些批评声音，他都没有介意。一直到，出现了分别署名曰木的先生及安尼的两篇剧评，他才开始意识到问题的严重，似乎不是观众的意见，而是代表了一种力量。安尼甚至说，李健吾是和辣斐大戏院一起骗观众的钱。他坐不住了，为了自己，更是为了朋友，他写了《从剧评听声音》，坦率地说出了改编此戏的背景和初衷：满足朋友的要求，为了挽救辣斐大戏院，还清欠下的巨债，当然，也是为了上海的戏剧界能活下去。但是，在《从剧评听声音》中，李健吾用了相当尖锐激烈的言辞，随后楼适夷写了《从答辩听声音》。

当时，担任《文汇报》文艺副刊编辑的柯灵感觉到出了问题，提前把楼适夷的文章给李健吾看过。楼适夷的《从答辩听声音》语气非同一般："李先生不愧为封建体制下的文人，他拉人捧，却不许人批评。"在楼适夷的眼里，李健吾根本不属于进步话剧工作者。这样的言辞完全不同于以往的学术争论，来头不小。柯灵和李健吾商量，就此作罢，柯灵把李健吾的文章、楼适夷的文章，加上李健吾近乎告饶的《敬答适宜兄》，柯灵也同时写了《赘言》一起发表在3月22日的《文汇报》上。

本以为此事到此为止，万万没有想到，一星期后，《文汇报·新文艺副刊》发表了《一团和气》，署名荒野，不光对李健吾大张挞伐，而且斥责柯灵："好像是为了团结，而实际上仍不免是市侩主义的驱使。"楼适夷对荒野的文章表示，以行动来认清朋友和仇敌了。事后，储安平编辑的《观察文摘》把这些文章收集起来予以发表，储安平对这样的争论感到莫名其妙。

在当时，这样的批评是少有的，而且除了楼适夷外，这些人都不署真名。这场"批判"给李健吾定了性：落后，右，不受"左"派文化人士的待见。

李健吾也意识到了这件事的严重性，从此离开了剧坛，戏剧的改编工作到此结束。

专心教学和翻译

1947年底，《文艺复兴》因为经费问题难以为继了，李健吾硬撑着结束了最后的工作。1947年10月，李健吾搬离了华业公寓，在虹口区找了一座破旧的小三楼也就是东宝兴路173弄9号，和上海市立实验戏剧校学隔着一个横浜桥。李健吾把自己在华业公寓的住所转让给了金山、张瑞芳夫妇，所收租金大部分用于新租房子的修缮，一部分给了郑振铎，资助他出版《中国版画史图录》，另一部分给了李健吾的学生高宗靖（即夏风），资助他解决上海致远中学的困难。

东宝兴路173弄9号的楼上晒台，李健吾为孩子拍的照片

1948年，李健吾负责的海光剧院也因为经营困难而停业。自此，李健吾开始了纯粹的书斋生活、教学工作。为了解决西方戏剧教学材料匮乏的问题，李健吾在家里开始翻译俄罗斯著名作家

1947年，搬离华业公寓前，全家和岳母王蕴玉在照相馆的合影

与上海市立实验戏剧学校的朋友在校园合影（自左至右）：魏照风、朱端钧、李健吾、赵铭彝

的戏剧，如高尔基、契诃夫、托尔斯泰等人的戏剧作品。同时，他也在《文汇报·笔会》上不断介绍一些西方戏剧家的作品。1949年，光明书店出版了他从1935年就开始翻译的《莫里哀戏剧集》。

1948年暑假，上海市立实验戏剧学校组织演出活动，演出剧目中有三个是李健吾作品：《以身作则》《黄花》《这不过是春天》。

1948年，李健吾参演了曹禺编导的《正在想》。

在华业公寓的家里，李健吾接待过很多文艺界的朋友，特别是臧克家夫妇的一次来访。据臧克家在《一个勤奋乐观的人——悼健吾同志》中回忆：

1948年，白色恐怖弥漫，形势险恶，我一月之内，四次迁居，一日之中，两易其处。决定去香港前夕，我与爱人秘密约定夜晚幽会于健吾家。健吾热情招待，淑芬大嫂忙着为我们做她家乡风味的刀削面相款待。刀削面没下锅，忽然有人叩门，健吾脚步迟迟，且走且高声问："谁呀？"我急步登上二楼健吾的藏书室，淹没在茫茫书海中。过了一小会儿，听到大门轰隆一声关了，健吾大声喊："下来吧，刀削面下锅了。"这一顿饭吃得特别香甜，其中充满友情的"味之素"啊。

晚年，李健吾与臧克家住得很近，李健吾就在去世前三个多月，1982年8月的一天，还迈着艰难的步伐，拿着照相机去了臧克家的家里拍照。

抗日战争胜利后，李健吾曾经写过一篇《理想中的新中国》，表达了自己对新中国的祈盼。

我希望我理想中的中国，是值得我骄傲的、一个可爱的、蒸蒸向上的国家。没有文盲，因为国民教育普及。没有失业的人，因为事业和志愿一致。没有技术家，因为每一个人全有技术，全是专家。

《以身作则》剧照

《这不过是春天》剧照

《黄花》剧照

我不想把希望放得太高，能够达到这三点，这我今日所可能的想象中，中国已经是值得我骄傲的蒸蒸向上的国家了。

但是，我还希望这个国家（因为是我的祖国）一百二十分地可爱。假如每一个做官的人，能够每星期看一两本新文艺作品；假如每一个需要娱乐（因为人人需要）的人，能够每星期看一两出有价值的话剧或者任何高级消遣；假如每一个平民能够每年有一两次的远近旅行；于是，趣味向上，一团和气，这四五万万人将如何招人喜爱，在和平自由之中，携手前进呀！

这时，李健吾对国民党的统治已经失望到极点，物价飞涨，民不聊生，特务活动频繁，人民没有自由，文化凋敝。他的许多好朋友是共产党，大家在一起从事文学活动，但是，“左”派的行为又让他十分困惑。他爱这个国家，自己的父亲是为革命牺牲的，在上海沦陷时期他没有妥协。但是未来的社会是怎么样的呢，对他会是什么样的态度，如何适应新的社会呢？

上海解放后的困惑、努力

1949年5月27日，李健吾的三个孩子都卧病在床。孩子的病有了起色，已经是9月份了，各个学校都开学了。于是，他把五个孩子都送进了紧邻上海市立实验戏剧学校的上海肇庆中小学兼幼儿园里。

上海解放后，他首先感到快乐。早年参加八路的弟弟李养吾，随着解放大军进入了上海。这是他的一件喜事，他们俩专门到照相馆去合了影。

李健吾继续他的教书工作，以往常没有的谨慎在做事。

当年，陈毅市长对这些老知识分子很尊重。李健吾万万没有想到，他会被邀请到北京参加第一次中华全国文学艺术工作者代表大会。去北京之前，陈毅专门接待了他们，还派专车送他们到北京。大会在7月2日开幕，李健吾见到了好久不见的郑振铎，感觉郑振铎还

解放后，李健吾与弟弟李养吾合影

与巴金、郑振铎、唐弢等在第一次文代会期间的合影

像以前“那样的温煦、善良，兄弟般一样关心我”（李健吾《忆西谛》）。巴金在会上发言，题目是“我是来学习的”。

1949年12月4日，李健吾被邀请参加《小说月刊》编辑部在百老汇大厦召开的《高干大》座谈会，参加这个会议的不少是党内干部，周而复、冯雪峰等。李健吾按照以往的习惯，积极发言，首先肯定了这本小说，认为是老区最好的长篇小说，接着又提出了一些问题。但不管他提的是什么问题，都会遭到反驳，这让他十分尴尬。

1950年年初，召开小说《种谷记》的座谈会时，李健吾就只好采取敷衍的态度了。

上海解放后，上海市立实验戏剧学校改名上海市立戏剧专科学校。开始，李健吾还被任命为工会主席，在家里让孩子们教他唱《解放区的天是明朗的天》《我们工人有力量》。

在第一届文代会期间，李健吾与唐弢、郑振铎、王辛笛、柯灵合影

1950年春天，学校里开展“整风”运动，李健吾被定为“资产阶级知识分子”。无奈之下，李健吾向领导交了一份检查《学习批评和自我批评》，后来发表在《光明日报》上时，标题被改成了《我学习批评和自我批评》。在文中，他说：

> 我本来是一个革命家庭出身的子弟，按说应该很早就有阶级的觉悟，但是个人主义把我害了。书呆子的唯文学观，逐渐使我离开实际，悬在半空，再了不起也只是纸上谈兵。我活在空想里头，空想加强了我对实际政治的回避。我热情地赞美革命，可是我对政治并不了然，假如我对国民党冷淡，不是因为政治上认识清楚，而是站在个人恩怨的立场：出卖革命利益的阎锡山都叫国民党捧上了天，别的也就不必提了。政治是龌龊的；于是我就不

问一切，大转向钻进了文学。个人主义、自由主义、小资产阶级意识，再加上唯文学观和不健康的身体，活活把我弄成了一个不尴不尬的知识分子。走这条路，我并不心甘情愿，尽管心地清白，拒绝敌伪势力的诱胁，既然待在上海吃开口饭，势必就要沾染小市民心理倾向。热情失去现实对象，很容易变成种种做人、做事的错误根源。头一个我要指出来的，就是真正要不得的、没有立场的所谓好人主义作风，随便什么人只要跟我说上三两句话，马上我就滥拿感情应酬，朋友们一来就说太一厢情愿，然而缺乏事实做基础，一受打击，感情受伤，马上我又撒手不管。

1950年11月，全国掀起了抗美援朝的热潮，身为上海市立戏剧专科学校工会主席的李健吾，接受了院长交给的任务，组织人员创作了剧本《美帝暴行图》，并且独自创作了两出戏剧：《战争贩子》《伪君子》。剧校学生演出《美帝暴行图》时，他不仅参加了演出，还在

《美帝暴行图》剧照，坐者李健吾饰

与蒙城“土改”工作组合影

报上发表了《致在朝鲜作战的中国人民志愿军》。

1950年冬，李健吾被从学校抽调出去，参加了安徽蒙城的土地改革工作队，历时两个月。结束时，小组对他的评价很高。

1951年1月31日，他又和郑君里、孙道临、周小燕等文艺工作者去山东老区参观学习。回来之后，李健吾满怀热情地写了《向劳动人民学习》《我爱这个时代》《民兵英雄》《淹子崖》《毛主席的文艺先锋》《读〈铺草〉》等文章。后来，这些文章结集为《山东好》，1951年7月由平明出版社出版。《山东好》和他以往的文章风格迥异。

《山东好》书影

无奈离沪赴京

在“整风”运动和“三反”运动中，李健吾都是被批判的对象。在学校里，李健吾对学生的某些行为有点看不惯。总之，他非常苦闷。

1952年，全国高等院校实行院系调整，山东大学艺术系戏剧科与上海行知艺术学校戏剧组并入上海市立戏剧专科学校后，上海剧专更

李健吾（前排右二）和三女儿维明（前排右三）与研修班师生合影

名为中央戏剧学院华东分院。1953年1月，中央戏剧学院华东分院撤销戏剧文学系，学生分别并入复旦大学和中央戏剧学院。此后，李健吾在学校里几乎无所事事，他待不下去了。

在这个时候，他又想到了像大哥一样照顾他的郑振铎，郑振铎这时在北京。1953年2月22日，中华人民共和国中央人民政府政务院文教委员会决定正式成立文学研究所，文学研究所设在北京大学。这是

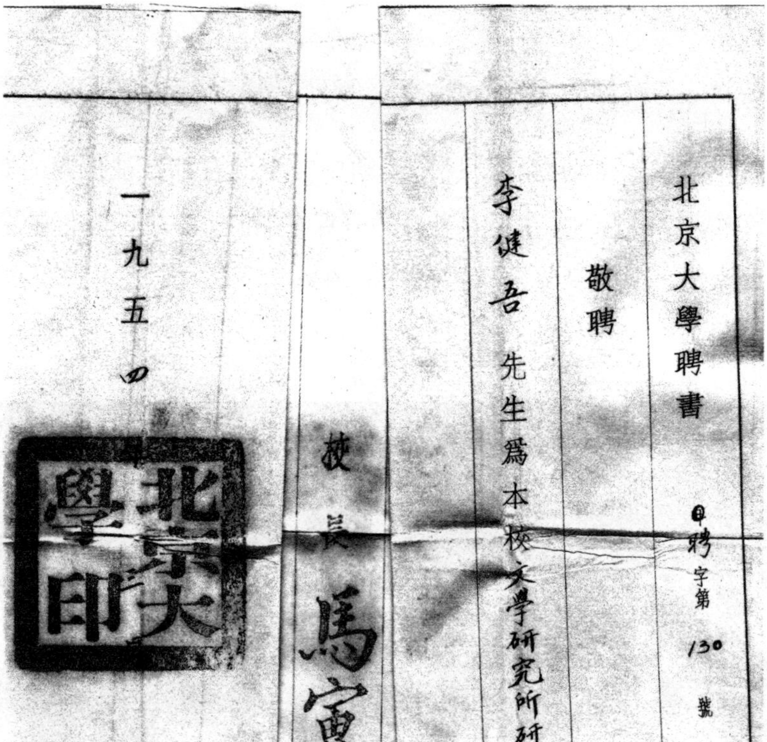
北京大學聘書
甲聘字第130號
敬聘
李健吾先生爲本校文學研究所研究員
校長馬寅初
一九五四
十二
日
北京大學印

北京大学文学研究所聘书

新中国成立后创建的国家的第一个文学研究专业机构，郑振铎被任命为所长、何其芳为副所长。

李健吾给郑振铎写了信，谈了自己的处境和离开上海的想法。趁着学校放暑假，1953年6月，他专程去北京找了郑振铎，郑痛快地欢迎他去新建的文学所，并安排了他与周扬见面。接着，去见了何其芳。

1954年，李健吾接到了周扬签署的调令，但他还是规规矩矩等到这学期的课程结束，才全家离开上海去了北京。

从29岁到国立暨南大学教书，到离开上海赴北京大学文学研究所，十九年，离开上海时李健吾已经48岁了。在他人生最无助的时候，郑振铎都施以援手。

那时，苏联戏剧专家到上海访问，说你们中国没有人懂莫里哀。欧阳予倩回答，有，我们有李健吾。就这样，1954年9月，李健吾被

刚到北京，李健吾给学生讲莫里哀

到文学研究所后与钱锺书的合影

请回了上海，并给全国导演班做了一次讲座，题目就是《莫里哀和他的四出喜剧》。

离开上海后，上海的老朋友很思念他，巴金曾经到北京，和汝龙一起去看望过他。

晚年的李健吾，总想着在上海过去的生活和朋友，也曾带病回去过。

李健吾回到北京后，巴金到北京探访汝龙和李健吾（右一）

人生最后的二十八年

在北京的家庭生活

回到北京的喜悦

1954年7月，李健吾带着全家，回到了北京，北京曾经是他成长的地方。阎锡山杀害了他的父亲，家人四散，山西不是他的家，北京才是他亲切的家，不然他不会把大女儿的籍贯定成北京。“来了，回来了，带着一身尘土回到故乡似的北京了。……我带了一颗新生的心，来会你这在新生中的岩石。”（李健吾《说游山的脚力》，《人民文学》1957年3月号）

1955年，腰椎间盘病复发，李健吾几乎卧床不起。后来，李健吾遇到了一位中医，那位先生用了一个绝妙的“背背你，猛地摆动复位”的方法，把他的病治好了。

孩子们的成长让他倍感骄傲和快乐。1953年7月，大女儿被选中出国留苏，1954年7月结束在北京俄专的培训，远赴苏联留学。1953年，二女儿考上了清华大学建筑系，在北京念书。

1957年，李健吾又带着夫人和孩子去香山，见到久违了的香山和樱桃沟，拍了照，留下了永久的记忆。

1954年7月，全家在北京合影

1955年，游香山

安稳的生活

初到北京，李健吾先是借住在内弟尤炳圻从祖父那里继承的一座小院——民康胡同的一个小四合院。接着，李健吾就搬进了当时还设在北京大学的文学研究所的宿舍——北京大学中关村二公寓一楼的套房。因住房都是公家解决，从此以后，他再也没有在上海时到处找房的困境了。

1955年，尤淑芬和儿子在北京中关村二公寓前

1956年2月，中国科学院发出关于实行晋升职称、升级制度的通知，最后确定一级研究员3名、二级研究员10名。李健吾被评为二级研究员。当时，三级以上的研究员属高级知识分子，享受副部级待遇。1959年，在北京有正式工作的大学生，转正后月工资只有56元的情况下，他可以拿到270元的月工资。这对他来说，简直是做梦一样，拿了那么高的月薪，他就自己买笔、纸，看病也不上单位报销，他完全不知道什么叫供给制。在旧上海时，一切都是靠自己奋斗，拿到工资或稿费，一切开销就是自己来支付了。现在的这种生活，他能不满意？

住房也在不断地得到改善。1955年，文学所脱离了北大，归属中国科学院哲学社会科学学部。他们从北大的宿舍搬出去了，中间经过

“文革”结束之后，李健吾在干面胡同的家里接待戈宝权（中）和周而复（右）

几次调整。1958年，李健吾和卞之琳一起被安排在东城无量大人胡同的一个四合院里。

1961年夏天，哲学社会科学学部在东四干面胡同建起一座四层四单元的住宅楼。1962年，李健吾分到了一套位于二层的三室一厅的楼房，为了满足他藏书的需求，在后院还和罗念生共用一间平房，专门存书。

苦难的少年生活、上海时期的困窘生活全过去了，这样的新社会他能不歌颂吗？后来，他写了《社会主义是一首最美丽的诗》。在写剧评时，李健吾在标题上不断加上“社会主义”这个几个字，如《社会主义的话剧》《为社会主义的独幕剧鼓掌》《社会主义的抒情诗》等诸如此类。

北京干面胡同的那套楼房，就是他最后的归属。居室布置简陋，但是整洁干净，那是他会客、写作的地方。

儿孙绕膝

家里的乐事还有很多。

1959年7月，大女儿李维音从苏联留学归来，并于当年8月30日结婚。对李健吾夫妇来讲，这是他们第一个孩子的婚礼，尽管李健吾从不重视那些常规礼仪，但他还是招呼健在的岳父岳母，大家照了张全家福。

1960年7月28日，他们的第一个外孙女儿出生了。李健吾夫妇到医院把孩子接回了自己家，视这个孩子为心头肉。

1960年冬，李健吾抱着外孙女刘瑛，在无量大人胡同自家门口

1969年，李健吾为自己的两个外孙女留影

1959年9月，全家合影（前排坐者为李健吾的岳父岳母）

1963年2月，二女儿在西宁早产，从医院出来后，就在北京干面胡同养病。女儿产假过去，夫妻俩被安排到吉林建筑所工作，孩子就留在了北京。

当时，李健吾对政治生活总会感到一些困惑，这两个孩子给他带来了许多温馨快乐。

1967年，儿子李维楠结婚，第二年添了孩子。这些也都给他带来过快乐。

1965年夏，李健吾的大女婿和外孙女

1968年，李健吾为孙辈留影

失去亲人的痛苦

1971年4月，李健吾正在河南息县干校，疟疾刚见好，身体还很虚弱。他完全没有想到，就在4月15日的晚上七点，在四川白龙江附近的一处工地上，发生了一件让他痛彻心扉的大事故。

那个年月，一边是无产阶级大革命，一边是为了对付美苏的威胁，国家原子能机构在紧急疏散隐蔽。当时，李健吾的大女儿和女婿全在四川从事核工业研究。女婿是指挥部的成员，女儿在山里做设计，他们的两个女儿（一个十岁、一个七岁）每天自己乘坐小渡船，在大江对岸的小镇和指挥部之间来回奔波，既要在小镇里上学，又要到父亲工作的地方吃饭。

1969年，李维音全家最后的合影

那个细雨蒙蒙的夜晚，女婿因为感冒，想着要让女儿们早点回去休息，请假没有参加党委扩大会议，晚上七点，先带着孩子去了渡口。万万没有想到，小船刚一离开岸边，就迎头撞上了运货的大平船，站在船头的女婿和拉着他裤腿的大女儿被卷进了波涛翻滚的江水里，小女儿被人裹挟着攀上了大平船。四口之家遭遇重大变故。

消息传到河南息县李健吾的耳朵里，本来就已经患有高血压、冠心病的李健吾一下子晕倒在了床上。大女儿李维音忍着悲痛，顽强地上班、出差，晚上为了消磨时光，踩着缝纫机为李健吾做了一件中山装。虽尺寸不合适，李健吾却笑着接受了。这件没有穿过的中山装，现在放在运城李健吾纪念馆里。

李维音为父亲缝制的中山装

1972年春天，一位年轻同事回京探亲，李健吾跟着一起回到了北京。到家时，他弯腰驼背、气喘吁吁，完全脱相了，成了一个年老体衰的老人！

全家再聚北京

1973年春，对知识分子的政策开始松动了，从1967年起每人只给20元生活费的政策被取消了，被扣除的生活费全部退回给了李健吾本

1979年，李健吾夫妇与李维楠夫妇

1981年，李健吾夫妇与维音、维惠等在干面胡同门口

人。李健吾一家的紧张日子总算熬到头了。

“文化大革命”结束后，原来在长春工作的二女儿一家和儿子一家都陆续被安排回到了北京工作。

1981年之后，全家都团圆了，李健吾有了孙子、孙女儿。大女儿的二闺女也长大了。三闺女也有了孩子。李健吾的家里显得热闹起来。

爱妻无微不至地照顾

“文化大革命”结束后，李健吾的健康状况日益恶化，走路颤颤巍巍，迈不动步，心绞痛时常发作，自己无法洗脚、洗澡，但还需要经常外出。幸亏有个无时不替他操心的妻子——尤淑芬，在家服侍

1982年，出行途中

他，出访陪着他。

一生都被家务缠身的妻子有时也会发脾气，认为自己一生一事无成。对此，李健吾很理解。一次，就在妻子一面发牢骚、一面忙着做饭的时候，李健吾坐在女儿身边，低声说，她是个好人。这句话里含着多少爱、多少幸福。好人，是李健吾评价一个人的标准。在日本宪兵队里受到死亡威胁的时候，李健吾留下的遗言就是：告诉孩子，爸爸死得惨，他是个好人。

李健吾是幸福的。在那个年代，不论运动怎么给他定性，“左”派人士如何看不上他，家里人都对他很理解、关心，家人与他从来没有“划清界限”的说法，家是他的温馨港湾。儿女给李健吾从外面带回来的消息，有时还能给他以创作上的启发，因此他写了几出小喜剧：《喜煞江大娘》《一棍子打出个媳妇来》《分房子》。

1981年，李健吾夫妇在北海公园

在外国文学研究所

坚持对十九世纪法国文学的研究

当年，李健吾从国立清华大学中国文学系转到西洋文学系之后，就定下了一生的研究方向：法国十九世纪现实主义文学。他始终没有离开过这个研究方向。

早年，他盯住了福楼拜，完成《福楼拜评传》之后，不断地翻译福楼拜的作品。1957年，为了纪念《包法利夫人》出版一百周年，李健吾完成了《科学对法兰西十九世纪现实主义小说艺术的影响》，12月12日，《文学研究》季刊第4期刊载了这篇文章。没有想到的是，这篇论文遭受了"拔白旗"的轰击，他成了被拔出的"白旗"。

随着对福楼拜的研究日渐深入，李健吾开始把目光转向了司汤达。他早年曾经翻译过《司汤达短篇小说集》。进入文学所后，为了更加深入地了解司汤达的《红与黑》，他不仅阅读《拜耳的生活》及其他相关作品，还做了大量笔记，翻译了巴尔扎克的《司汤达研究》。1959年4月，《文学知识》第4期发表了他的《〈红与黑〉里的于连及其他》；1959年6月，《文学评论》发表了他的《司汤达的政治观点和〈红与黑〉》。

“文革”结束以后，有关司汤达的研究论文，李健吾发表得更加频繁：《〈红与黑〉与法国复辟时期的修道会》《司汤达对圣西门实业主义的抨击与〈吕先·勒万〉》等等。晚年，李健吾翻译了司汤达的《意大利遗事》，1982年8月由上海译文出版社出版。他对司汤达有着自己的认识：

> 他深沉喜爱的，是通过这些杀人流血的上等社会的阶级成见，暴露了人性本身所含的力量。这里贯穿着最原始、最基本、最粗野的反抗情绪：不甘于被教会和封建制度牺牲，而终于被牺牲了的青年男女的力量的某种突出表现。

司汤达属于文学的光辉战斗传统。属于这个传统的伟大名字，在法兰西有拉伯雷、莫里哀、伏尔泰、狄德罗、巴尔扎克、雨果、罗曼·罗兰……司汤达是他们中间的一位。

1957年之后，外文所交付了他一项重要工作——研究巴尔扎克。为此，李健吾又开始了新的大量阅读。他不仅阅读巴尔扎克的小说，还认真地阅读其他人特别是恩格斯对巴尔扎克的评论，做了大量笔记，还修改和再版了自己1935年翻译的《欧也妮·葛朗台》《高老头》。

《司汤达研究》和《巴尔扎克论文选》书影

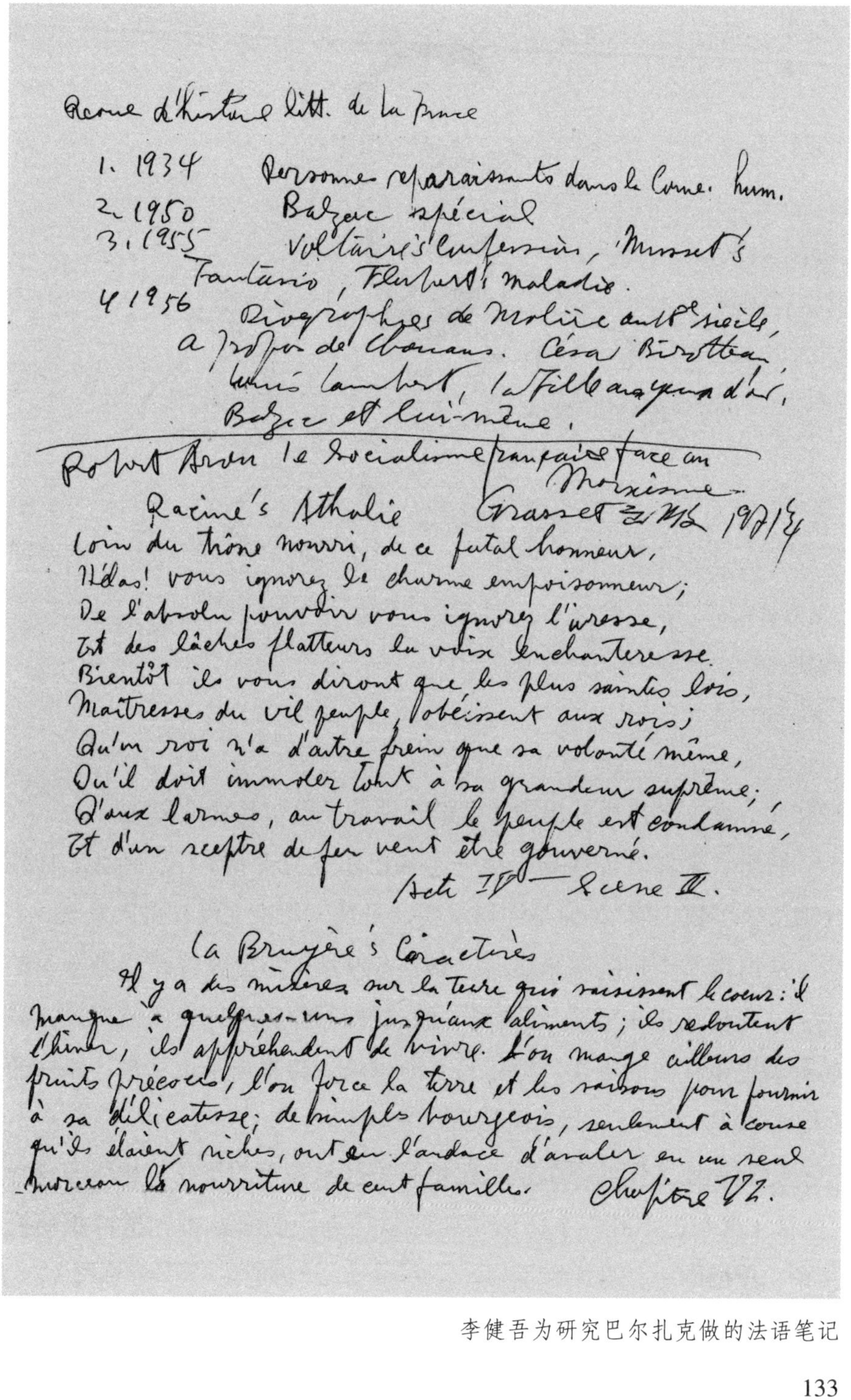

Revue d'Histoire litt. de la France

1. 1934 Personnes reparaissants dans la Comédie hum.
2. 1950 Balzac spécial
3. 1955 Voltaire's Confession, Musset's Fantasio, Flaubert's maladie.
4. 1956 Biographies de Molière au 18e siècle, à propos de Chouans. César Birotteau, Louis Lambert, la Fille aux yeux d'or, Balzac et lui-même.

Robert Aron le Socialisme français face au Marxisme Grasset 出版 1971年

Racine's Athalie

Loin du trône nourri, de ce fatal honneur,
Hélas! vous ignorez le charme empoisonneur;
De l'absolu pouvoir vous ignorez l'ivresse,
Et des lâches flatteurs la voix enchanteresse.
Bientôt ils vous diront que les plus saintes lois,
Maîtresses du vil peuple, obéissent aux rois;
Qu'un roi n'a d'autre frein que sa volonté même,
Qu'il doit immoler tout à sa grandeur suprême;
Qu'aux larmes, au travail le peuple est condamné,
Et d'un sceptre de fer veut être gouverné.

Acte IV — Scène II.

La Bruyère's Caractères

Il y a des misères sur la terre qui saisissent le cœur: il manque à quelques-uns jusqu'aux aliments; ils redoutent l'hiver, ils appréhendent de vivre. L'on mange ailleurs des fruits précoces, l'on force la terre et les saisons pour fournir à sa délicatesse; de simples bourgeois, seulement à cause qu'ils étaient riches, ont eu l'audace d'avaler en un seul morceau la nourriture de cent familles. Chapitre VI.

李健吾为研究巴尔扎克做的法语笔记

高莽绘

1958年，新文艺出版社出版了李健吾译的《巴尔扎克论文选》。

后来，李健吾曾计划出版一本《巴尔扎克专论》。尽管他在1958年遭受了“拔白旗”，但是计划没变，只是一些论文没有得以发表。

从河南“干校”回来之后，1975年9月，李健吾曾经给巴金写信说：“我现在正在写《〈红与黑〉的关键问题》，可能在年前写好。以后有关巴尔扎克的论文，每年写个两三篇，将来出个论文集。以前的《人间喜剧》不写了，因为那太死，把我拘住了。”

后期，他工作的一个核心就是有关巴尔扎克的研究，相继完成了《神秘主义与巴尔扎克》《激情与巴尔扎克的创作方法》等17篇研究文章，遗憾的是，身体垮了。

莫里哀喜剧的杰出翻译家、研究者

莫里哀是十七世纪的法国喜剧家。但是在那个时代，法国的喜剧语言很多是诗剧，深受希腊、罗马的影响，再说，莫里哀时代的法语和当时的法语已经有了很大的变化，翻译莫里哀的喜剧是一项相当艰巨的工作。为此，李健吾必须兼顾中国的语言，舞台上演员的表达方式，还要传神地兼顾莫里哀喜剧的特色，他从来没有退缩，他深深地被莫里哀的人格、对戏剧的忠实所折服。

1954年，进入文学所后，李健吾的头一件工作，就是研究和翻译莫里哀的作品。1956年，李健吾被邀请到中央戏剧学院讲课，题目是《战斗的莫里哀》，《文学研究》上发表时题为《莫里哀的喜剧》。四大卷的《莫里哀喜剧全集》终于在他晚年时全部脱稿，他去世之前看到了湖南人民出版社出版的第一卷，其余的三卷在他去世后出版。

《莫里哀喜剧》四册

《文艺理论译丛》和《古典文艺理论译丛》的编辑

当年，李健吾在外文所的一项工作就是编辑《文艺理论译丛》。1958年，中国科学院哲学社会科学学部开展“插红旗”“拔白旗”之后，《文艺理论译丛》改名为《古典文艺理论译丛》，1966年“文革”开始之后全面停刊。他曾是这个刊物的编辑组成员之一。从1956年开始，他参加《古典文艺理论译丛》的全部工作，选题、创作、翻译、校对和写后记等等。

在《名士风流·仁者李健吾在“翰林院”》中，柳鸣九说道：

> 在编委会中，健吾是一位主要的编委……在那几年中，（我）亲眼见证了他对于这个刊物的诸多贡献。就他的重要性与所发挥的实际作用而言，他仅次于刊物的实际主编蔡仪，在十七期刊物中，他做出了明显贡献的就有九期之多，如文艺复兴时期文论一期，17、18世纪文论一期、巴尔扎克与现实主义问题两期，悲剧问题一期、喜剧问题一期、莎士比亚专论一期等。有的是他全面提供该集的选题，有的是他承担了重要文论的翻译，有的则是他承担了校稿的“劳务”。
>
> 《古典文艺理论译丛》是李健吾调来北京后一个重要的学术平台，他展示了自己多年来作为一个西学学者积累下的深厚学养，为这一个学术文化项目做出了多方面的贡献。而且，也是从这里，他在学术上开拓出自己的一个领域，即西方戏剧理论批评史的领域。

从柳鸣九的叙述中，我们可以了解到，当时李健吾还在进行

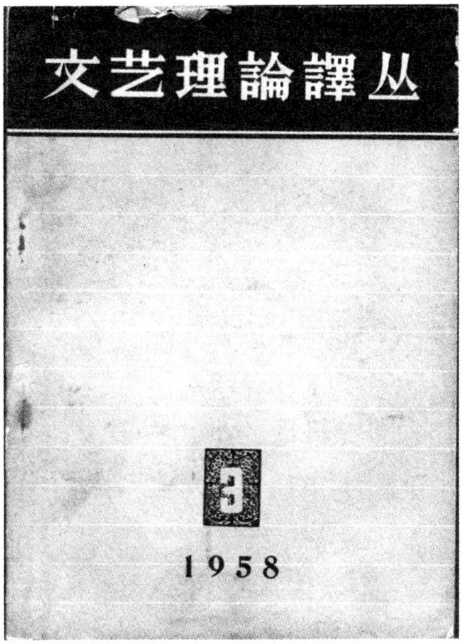

《文艺理论译丛》书影

《古典文艺理论译丛》书影

“文革”结束后出版的《文艺理论译丛（上)》

“西方戏剧理论批评史”的研究，柳鸣九做了详细介绍：

> 他系统地研究了西方戏剧史上所有重要的文论，并着手组织翻译，进行整理，要出版一部大型的西方戏剧理论资料的书籍，足有好几百万字的篇幅。这显然是一个巨型的文化积累工程，他正式投入这个工程的时候，已是20世纪60年代初，《古典文艺理论译丛》的后期了。……到“文化大革命”前夕，据说整个大型资料已完成了相当一部分。

《外国文学研究集刊》书影

这部资料性的书稿，就是李健吾后来谋求出版的《法兰西十七世纪古典主义文学理论》，当时曾是研究所里的一个项目，他牵头组织，其中既有钱锺书和杨绛的文章，也包括一些年轻人的翻译、李健吾本人的翻译研究，汇集起来就足有40万字。外文所，曾经将这套书稿的前言和各家小议刊载在《外国文学研究集刊》第4期上。整套书稿在1982年他去世之前交付给了出版社，犹如天书的文字，深奥晦涩的古典文学理论，使得出版社在他去世后一直搁置未见处理，待家人取回时，其中几页稿纸已经丢失。

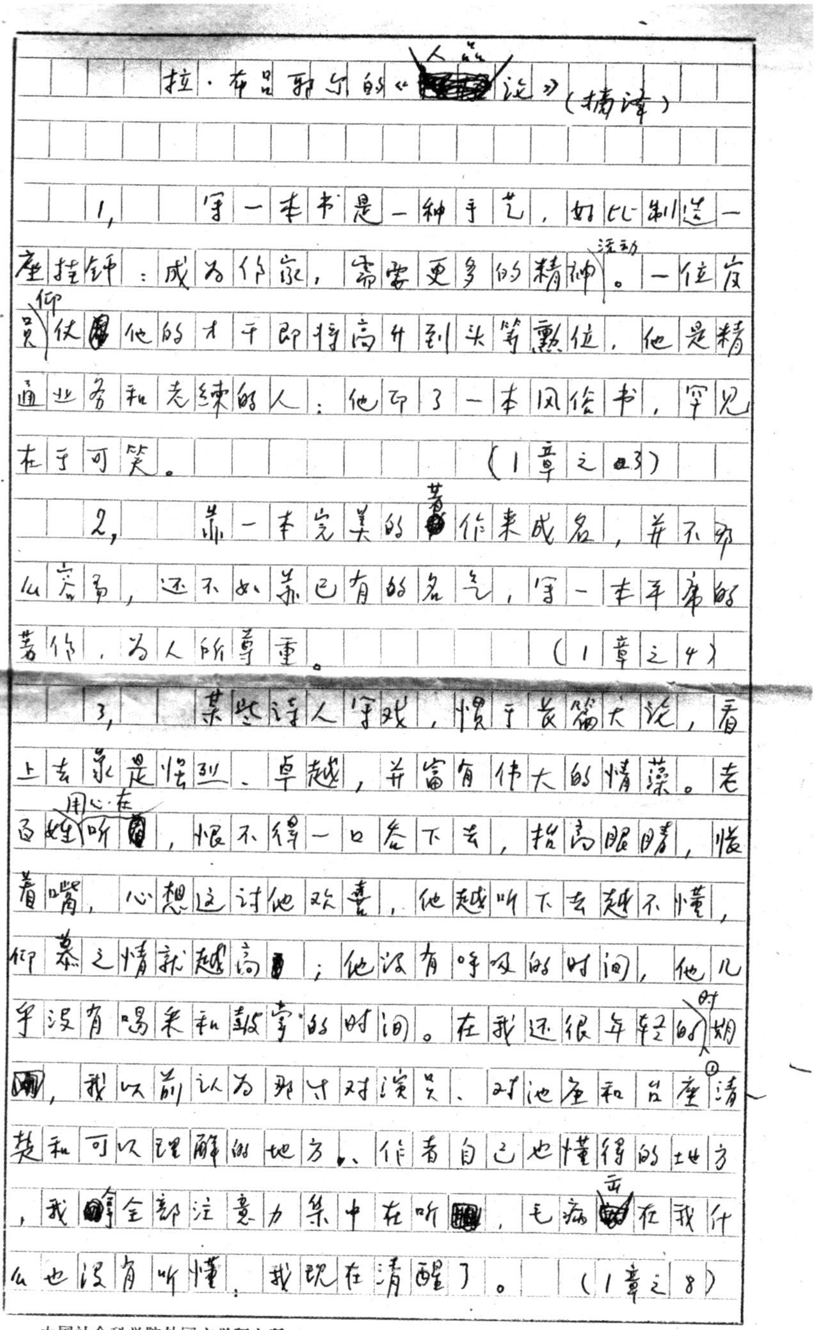

拉·布吕耶尔的《人品论》（摘译）

1、写一本书是一种手艺，好比制造一座挂钟：成为作家，需要更多的精神活动。一位官员仰仗他的才干即将高升到头等勋位，他是精通业务和老练的人；他印了一本风俗书，罕见在于可笑。（1章之3）

2、靠一本完美的著作来成名，并不那么容易，还不如靠已有的名气，写一本平庸的著作，为人所尊重。（1章之4）

3、某些诗人写戏，惯于长篇大论，看上去象是强烈、卓越，并富有伟大的情操。老百姓用心在听，恨不得一口吞下去，抬高眼睛，张着嘴，心想这讨他欢喜，他越听下去越不懂，仰慕之情就越高；他没有呼吸的时间，他几乎没有喝采和鼓掌的时间。在我还很年轻的时期，我以前认为那些对演员、对池座和台座清楚和可以理解的地方、作者自己也懂得的地方，我全部注意力集中在听，毛病在我什么也没有听懂，我现在清醒了。（1章之8）

中国社会科学院外国文学研究所（20×20=400）　第　页

李健吾手迹

在历次政治运动中

从1954年进入文学所后，一次又一次的政治运动，不断地伤害着李健吾。对李健吾来说，如果背后没有郑振铎、何其芳对他的保护，也许受到的冲击还会更大。

遗憾的是，1958年，在中国科学院的“拔白旗，插红旗”运动中首当其冲的却是郑振铎，批判重点是他的《插图本中国文学史》。李健吾对这个突如其来的情况，无法理解，非常同情郑振铎。在批判郑振铎的会议结束时，李健吾不顾当时的社会环境，在门口紧紧地握住了郑振铎的手。

1958年10月，郑振铎率领中国文化代表团出国访问途中，不幸因飞机失事罹难。像兄长一样对他不断引导，危难之时总是伸出援手的郑振铎遇难了，李健吾心中的痛苦可想而知。1981年5月4日，他写《忆西谛》时，真是眼含热泪。

> 天下事最难莫过于创始，最贵也莫过于创始。为了中国的文化革命事业，你呕尽了心血。你的巨著《插图本中国文学史》，却在你生前几乎是最后时刻，被说成一无是处。批判会前不久，你还鼓励我过好这一关。万万没有料到，你自己却没有能渡过生死这最后一关。回想起来，又怎样能让人不难过呢？
>
> ……人事无常，暗笑，或是明嘲，多么难于捉摸！我只知道，我再也看不见你那高大的身子；再也听不见你那洪亮的声音，我再也见不到你了，你，西谛！

在外文所，运动还在继续，批判的矛头指向了李健吾，批判的对象就是他花了很大心血写就的《科学对十九世纪法兰西现实主义小说艺术的影响》。这场由原来批判郑振铎的年轻人发动起来的批判，集中在他的“资产阶级学术思想”上，并批判他的阶级立场。这是他最痛苦的地方，一个烈士的孤儿，没有资产，奋斗了大半生，却要被逼着做检讨，硬往小资产阶级思想上扯。他非常痛苦，又无法辩驳，只能默默承受。这次的批判让李健吾很受伤，他的文风发生了许多变化，很长一段时间，如果写论文，就言必引马恩列毛的语录，自由潇洒的文风不见了。

1964年6月，上级给李健吾做的鉴定，几乎就是汉奸和反动派。一是他在上海沦陷后，曾经给日本人暗中操纵的剧团提供剧本，并担任其导演，为剧团拉演员。对这个鉴定，他坚决否定，提供剧本给剧团是事实，但是一旦知道了背后有敌特插手，他就中断了联系。至于说他曾经在上海国民党市党部担任过编审科长，这是事实，为《铁报》写稿也是事实。以上这些，后来最后的结论是，均做历史问题处理，可做结论。

1964年9月，李健吾随外文所人员下放到安徽寿县参加“四清”，即农村社会主义教育运动。回来之后，李健吾写了自我检查。在检查中，李健吾说了大话，根本不知道政治运动一环扣一环，对知识分子的形势是越来越不妙。

1964年，李健吾在钢铁厂

在60岁的生日前，李健吾写了一首诗：“可是我懊悔，我浪费了六十年。”他

1966年，李健吾在江西，这时已经患上了高血压

还不甘心："我依然健在，已经花甲老翁，我这回可着了急，居然有人对我说，还可以再活三年。我不贪生，我重视我这最后三年。"

那时，他已经被查出患有高血压。

从寿县回来，李健吾还去了一次江西，他万万没有想到，回来不久，就撞上了"文化大革命"。

1966年8月，中国科学院哲学社会科学学部的批斗对象，首先是外文所所长何其芳。何其芳是李健吾在外文所时期的又一个保护人。每次开展批斗活动的时候，何其芳都会让这些老知识分子照常上班工作，避免受辱。何其芳一被批斗，李健吾、罗念生、杨绛这些人，都成了何其芳重用的"反动学术权威"。1966年8月9日，是何其芳被批斗的日子。从此以后，他们的日子就是上班劳动，挂牌认罪，工资被扣，每月只能领取生活费20元。1966年9月，李维永念书的北京101中学的红卫兵到李健吾家抄家。接着，李健吾的住房被一对华侨夫妻占了。

1968年8月起，军宣队开始进驻中国科学院哲学社会科学学部，对知识分子进行再教育。他们被集中安排在一个房间里，清晨练操，白天写检查，同时接待来调查情况的外来人员。一次，从上海来人调查柯灵是否叛变过。他们找到了李健吾，可是李健吾还没开口就先挨了两耳光，气得他直哆嗦。当时，为了说明自己在上海时的情况，李健吾请外调人员看自己写的《切梦刀》，没有多言多语。那次被打后，李健吾是在妻子尤淑芬的苦苦规劝下，才没有走老舍的路。外调人员一个月后第二次来京，态度变得温和了，说《切梦刀》是李健吾在新中国成立前写的，所述之事可以相信，可以确认他们都不是汉奸。汉奸的帽子总算被摘除了。

1970年7月，李健吾随大批中国科学院哲学社会科学学部人员去了河南干校。1972年2月，返回北京。

1973年1月，李健吾被扣发的工资被返回了。受辱和困顿的日子过去了，但是他也进入了暮年。

通过“文革”，李健吾看清了“极左”的危害。“文革”结束后，李健吾逐步恢复了原来的写作风格——独立自由。最典型的就是对《辞海》中有关波德莱尔的评价的反驳。

对在“文革”中罹难的朋友，李健吾总是充满痛惜之情，在追念李广田时：

> 这样一位革命者，在十年浩劫中，竟惨遭毒手，于1968年11月2日下午8时，在昆明市郊外莲花池内，直挺挺站立了好几个小时，脑后还让人捅了一个血流如注的大窟窿！原来他死了！死而能直挺挺站立，何等气概！能听了不流泪？……控诉？愤怒？还是蔑视？

广田离开了我们，可是他的作品如同长江大河，流向大海，流向人们的记忆深处，他和他的作品将永远活在后死者的心中。

遗憾的是，他终究年迈体弱了，年轻时文笔的活泼灵动不见了。

风暴过去，与世无争

在历次运动中，李健吾给自己写的检查，都和“为文艺而文艺”相关。但是，他认定了自己的终身事业是文学，而且是法国现实主义文学。在上海时期，在反对内战争取和平的活动中，李健吾都曾积极参与各项工作，且头衔众多，也有过显赫的地位。新中国成立后，李健吾回到北京，随着运动的不断升级，他已经无官一身轻了。“文

“文革”后，在李健吾家，柯灵、李健吾合影

革”结束后，他的各种头衔和活动又多了起来。但是，本来就是“为文艺而文艺”的他，更不在乎名分和地位了，参加各种活动，多半就是为和朋友聚聚、说说话，越到最后，他越淡然。

1979年，法国文学研究会成立，李健吾只担任名誉主席，他根本不在乎权力。在《名士风流·仁者李健吾在“翰林院”》中，柳鸣九对此有详细叙述。

> 在这个过程中，我与李健吾先生有过不止一次接触，向他汇报，征求他的意见，可是李先生对此从不置一词，从不表一次态，他每次都是闭着双眼听着我陈述，脸上全然是超然事外、无动于衷的表情，像是一泓古井里的水。……到了“文化大革命”后，特别是到了20世纪70年代末，在这个问题上，他是完全做到了“难得糊涂”，甚至可以说已经达到“看破红尘”“超脱红尘”的境界。显然，他已经把这类名位俗务视为身外之物，完全摒弃在他的视野与意念之外。后来，他当了好几年名誉会长，但从不行使他的职权，从不过问研究会的任何事务。

李健吾晚年虽已经不在乎名位，但是对实实在在的工作却是很认真的。1978年，李健吾被聘为中国社会科学院研究生院的导师，他带着病去参加研究生面试，到了外文所，上到半层楼梯平台就走不动了，心绞痛犯了，歇过了劲儿，才进了考场。带了研究生，李健吾已经没有力气进行细致的辅导了，但是每次见面，他都把反复劝诫学生，多读书。对自己无力辅导学生，他在给朋友的信中表示了愧疚和无奈。

1980年，李健吾被聘为《中国大百科全书·外国文学卷》编委，负责法国文学有关词条的审定，约定写作的词条有福楼拜、莫里哀、巴尔扎克。遗憾的是，他只完成了前两个词条，就已经走到了人生尽头。

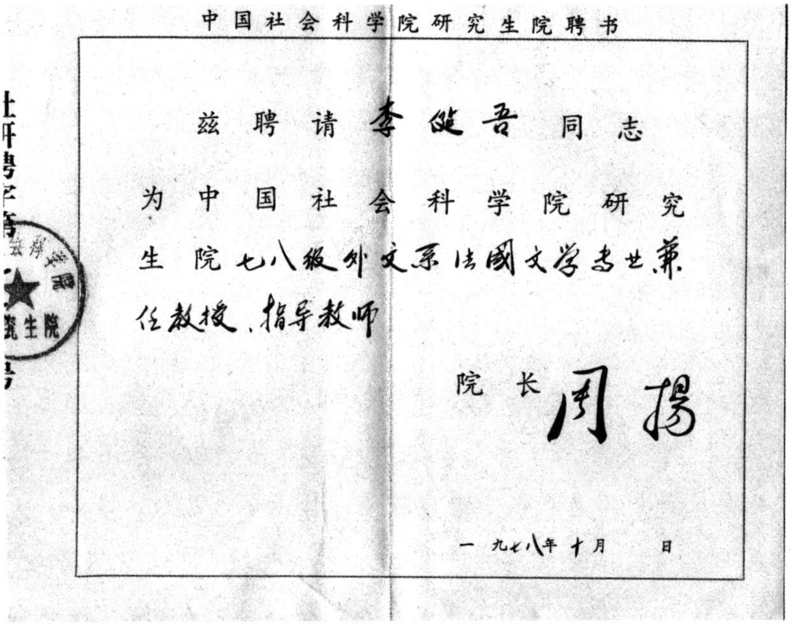
中国社会科学院研究生院聘书

兹聘请李健吾同志

为中国社会科学院研究生院七八级外文系法国文学专业兼任教授、指导教师

院长 周扬

一九七八年十月 日

1978年，中国社会科学院研究生院聘书

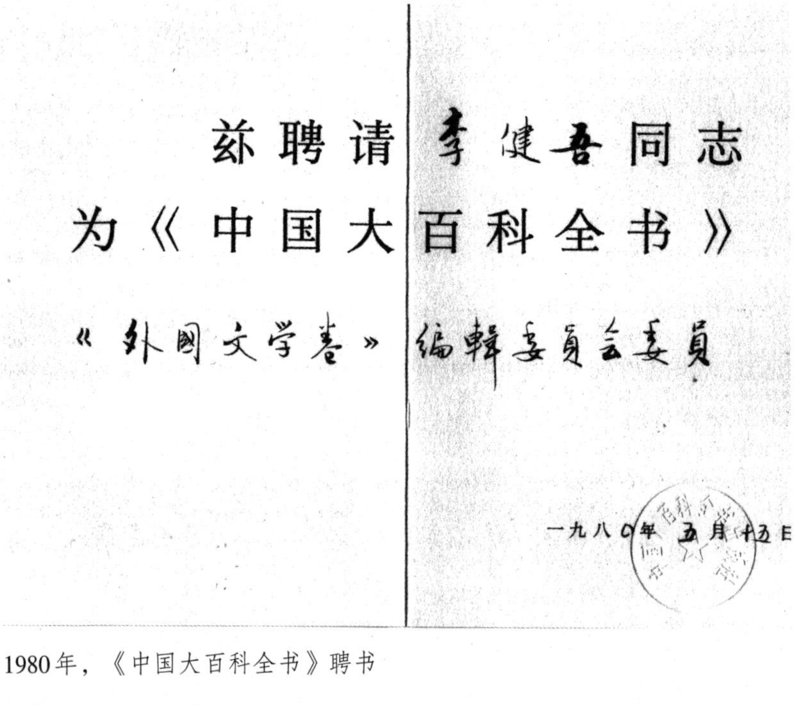
兹聘请李健吾同志

为《中国大百科全书》

《外国文学卷》编辑委员会委员

一九八〇年五月十五日

1980年，《中国大百科全书》聘书

特殊的副业：看戏、写戏评

李健吾喜欢戏剧，看戏、评戏，是他发自内心的。虽然这些都不是他的主业，但是在不同时期，也会成为他的重点。在上海沦陷时期，全力投入戏剧活动是为了生活。1958年，对他“拔白旗”之后，他也曾把精力投入到看戏和评戏之中。

1962年，召开了全国话剧、歌剧、儿童剧创作座谈会，会议的主题是为知识分子“脱帽加冕” 。李健吾被邀请参加了这次会议，小组

1962年，在广州与参会人员合影

讨论时，专门请他发言。这样的精神抚慰，使他更是把精力集中到了看戏、写戏评上了。

“文革”结束后，《人民戏剧》杂志的编辑曾找到李健吾，邀请他写一些有关戏剧理论的文章，他婉拒道：“心脏不好，眼睛又长了白内障，剧场不去了，连电视也少看；再说日记被造反派抄走，搁笔十年，怕是连文章都不会写喽。”但是他还是动了心，此后一共写了4篇有关戏剧理论的文章《写戏漫谈之一——合理性》《写戏漫谈之二——集中》《写戏漫谈之三——第一幕》《写戏漫谈之四——高潮》，前两篇里套话多，到了第三篇《第一幕》，他的写作又恢复了元气，刘西渭的文章风格又开始出现了。

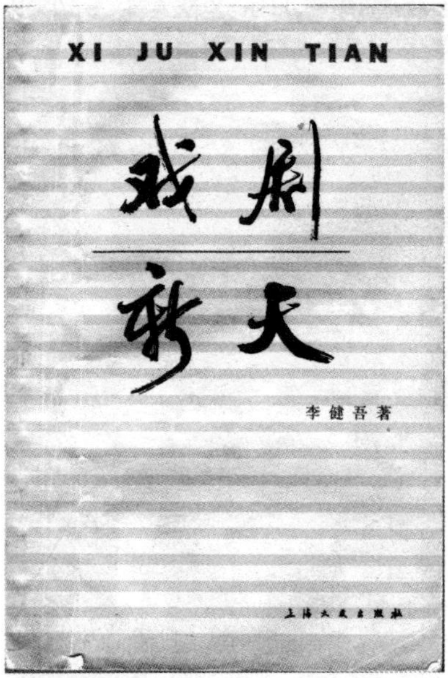

《戏剧新天》书影

1978年，李健吾应上海文艺出版社邀请，汇集了新中国成立以来，他认为有价值的剧评文章编成一册《戏剧新天》。《戏剧新天》于1980年正式出版，其中收录的就有他在广州会议上的发言《漫谈一些编剧技巧问题》。在“文化大革命”期间，这篇文章作为需要交代的问题，李健吾为此写过检查。

《雨中登泰山》及其他

1956年，李健吾给巴金写信说，自己写了一篇文章，让巴金猜，得罪人也不管了。这篇文章就是1956年9月5日，以丁一万为笔名在《人民日报》上发表的《蛇与爱》，赞美集可怕与可爱为一身的白娘

我和《雨中登泰山》

李健吾

去泰山是我和我的儿子一道去的。我们在兖州下了火车，带着文学研究所的介绍信，以及其他文件（如中国戏剧家协会理事的会员证），先去领导机关说明情况，该机关派了一辆小汽车把我们送到曲阜，由一位副县长热情招待。后来我写了一篇游记，发表在1961年10月的《山东文学》上。我们的本意是去泰山，不料阴雨连绵，一直下了三天，偶尔不下雨，便在曲阜看了个够。可是雨好象单单和我们为难似的，还是那位副县长（我忘了他的姓名，实在不应该）好客，用丰盛的菜饭款待了我们三天。到第四天，雨还是下个不停，我们再也耐不住了，只得向他告别。他也叹了口气，说真糟糕，留不住我们，只得写了一封介绍信，派车把我送到兖州车站。我们父子就这样去了泰安县。

我的本意是去泰山的。为什么？文章里我已经交代清楚了。《人民日报》的文艺版编辑姜德明同志是知道的，约我回来给《人民日报》写一篇游记发表。我们到了泰安，由教育局安排一位张同志（我忘了他的名字，我的记性实在不好！）陪我们上泰山，约定了第二天上午七时在我们住的地方会齐。可是第二天一早，雨又下个不停，眼看十一点半了，似乎有放晴的意思，我说："走吧！"我们就这样鼓起勇气，上了泰山。

登泰山不足为奇，妙就妙在雨中。因为我们才到泰山，有时细雨蒙蒙，有时倾盆而下，一直收煞不住。"雨"对游客来说，本来是一件坏事，不过这次出于我们的意外，反而做成我们这次登山的乐趣。寻常上山，有日晒，而无雨淋，是乐趣，也是苦趣。试想一座干秃秃的枯山，就说有意思，也比不上"雨中"登泰山的意味无穷。

文章的主题思想就在写"雨"与泰山的关系。

我多年不回家乡了，今年元旦我回去了一趟，翻过中条山，去了芮城一趟。遗憾的是，我童年的梦破灭了，现实生活告诉我，这座山是光秃秃的，很少有几棵树。记得我在中学时期写过一篇《终条山的传说》（1924年12月，《晨报》副刊），鲁迅先生在《新文学大系》小说二集谬奖，说："《终条山的传说》是绚烂了，虽在十年以后的今日，还可以看见那藏在用口碑织就的华服里面的身体和灵魂。"其实什么"传说"也不该在中条山有，山太枯了。

所以1961年7月，"雨"中登泰山，显得别有意味。

这篇文章我从自然顺序写起，从下面写到顶点——南天门。为了衬托山高势险，我写自己如何胆怯力弱，又从游人中特意挑出了一位老大爷"斜着脚步，穿花一般，侧着身子，赶到我们前头"。还挑了一位老大娘，"挎着香袋，尽管脚小，也稳稳当当，从我们身边过去"。这就是我上"紧十八盘"的心情。"小脚"，是裹过的"小脚"。这对我是一种鞭策，一种鼓励。对读者，在困难中，也是一种鞭策、一种鼓励。在这种挣扎中，天快黑了，我不得不奋力，终于上到了泰山之巅，"而小天下"！

回到北京，文章被《人民文学》先下手为强，拿去发表了，我到现在还觉得对不起姜德明同志，因为我失了约。

文章里有"渿河"，读者查不到出处，其实它是汶河一个支流，是从泰山往西南流出的。我有一本乾隆年间"雨山堂"出版的《泰山道里记》，上面写得明白："《泰山小史》云：'泉出一天门下一里，水西南流，迨宋创此城，疏泉萦绕其下，城北旧有水道，经岱偏东南出，折而西南，日运舟街，至城西南出，会渿河入泮归汶。'《泰山小史》是明朝的书，可能山东省图书馆还有。"渿"读音应如"奈"。《康熙字典》与《辞海》均无此字。

《雨中登泰山》回避了一些事实。例如年轻男女烧香磕头，求子求福。我们这次去还忙坏了山上的招待所，因为山下虽有电话给它，而我们到时，已经快八点了，它特意为我们准备了干衣裤，和干净的棉被，后来日出虽未看到，它却为我们准备好了观日出的棉大衣。这些都是值得感谢的。第二天下午我们下山，天晴了，瀑布小了，几乎看不清楚了。所以"雨"中登泰山，还是值得的。

1982年8月29日

·1·

1982年，《雨中登泰山》被选入中学课本后，李健吾写的《我和〈雨中登泰山〉》

1982年秋季教材新选课文试析

教材与教法

李健吾关于《雨中登泰山》的两封信

编者按 为了研究新教材《雨中登泰山》的有关问题，上海市普陀中学教师汪正煜同志最近曾两次致信作家李健吾同志。现将李健吾同志的复信发表于后，供教学参考。

信中提到的对《雨中登泰山》的四处更正，高中语文课本第一册除已将“峻嶒”改为“崚嶒”之外，其余三处尚未更改。“斗母宫”见课本第23页倒数第2行；“瑰奇”见第17页倒数第6行；“第一次的‘南天门’”见第18页倒数第6行。

汪正煜同志的信（摘录）

（一）

《雨中登泰山》原文第四段写到：“雨大起来了，我们拐进王母庙后的七真祠。”而文章结束处说：“倾盆大雨时，恰好又在斗母宫躲过。”这样，避雨的地点就有两处。上海辞书出版社新出版的《中国名胜词典》618页至619页介绍：王母庙后的七真祠在岱宗坊北，与虎山水库隔溪相望，而斗母宫在王母庙以北，经石峪西南一公里的登山盘道东侧。显见两处确非一地。

那么，是否在两处都避过雨呢？从文章记述层次看，七真祠避雨后，也不会重遇“倾盆大雨”，并“在斗母宫躲过”。

尊作在《人民文学》一九六一年十一月号刊载后，曾被选入散文专集。但各散文集中均未对此更改过。直至湖南人民出版社1980年9月版的《现代游记选》和人民文学出版社1980年8月版的《散文特写选(二)》，也是照录了原文。

这样，使我很自然产生了疑问：究竟是原著别有深意，还是笔误所致呢？“王母庙”俗称“王母宫”，会不会因一字之误在文末写成“斗母宫”了呢？

（二）

另外，尚有两处不甚了了。您说，“第一次的南天门应为一天门”。查阅原文，凡写到“南天门”的，似无需更改处。不知您是指哪一句？祈能指明。“崚嶒”的“崚”，据说新课本并未印错，可能您查的那本散文集印错了，望能相告所本，以便查正勘误。

（一）

汪正煜同志：

谢谢你的来信。

“斗母宫”应是“王母庙”之误。“瑰奇”应做“瑰丽”。第一次的“南天门”应是“一天门”。“峻嶒”应是“崚嶒”。请予付印时一律加以改正。

此致

敬礼！

李健吾

1982年6月28日

（二）

正煜同志：

接到来信，催我答复。我因后面书房尚未完工，方才寻找，勉强找到《泰山道里记》一本老书，是乾隆的书，其上有图可寻，唯名称稍有变更。其中南天门确为“一天门”，“孔子登临处”，即在其旁。“中天门”即《道里记》中所谓“二天门”，可以不改。“南天门”即《道里记》中所谓“三天门”。《记》中通称为“南天门”。《道里记》中“自序”说，“其中有一地两称或名同地异”，盖自古亦然。“一天门”书中又称“红门”。我根据的版本是北京出版社1963年的旧版。此书现在宁夏人民出版社，因为它要我的散文集。我抄了一份，打算寄往四川人民出版社，因为后者要出我的三本选集。

我因杂务多，回信略迟。请谅。如更正，第一次所见之“南天门”请改为“一天门”或古人所谓“红门”。“峻嶒”请改为“崚嶒”即可。

有关教学方面的事，你就饶过我吧，手头事甚多，既忙，亦不敢献丑也。

此致

敬礼！

李健吾

1982年7月16日

李健吾与汪正煜关于《雨中登泰山》的来往信件

娘，让读者尽情体味人与自然的和谐。“这就需要把象征手法和阶级分析暂且放在一旁。”如果，当时《人民日报》副刊的编辑姜德明不说，可能后人不会知道丁一万就是李健吾。在当时，这篇文章的思想内容和文风都很独特，这让编辑不知所措，只能上报，请示宣传部的胡乔木。没有想到，胡乔木认为这篇文章极有见地，于是，见报了。由此可见，他的思想在那个时候还是自由奔放的。

1960年7月，在北京大学就读的李维楠正好放暑假，陪着李健吾一起去了山东。这是文学所组织的一次旅游，去的地方是曲阜和泰山。乘兴归来，李健吾写了散文《曲阜游记》和《雨中登泰山》。1981年，中学语文课本收入了《雨中登泰山》。这篇散文成了他散文的代表作。

“文革”结束以后，李健吾还写了一些散文，回忆童年时家乡生活的《枣花香》《梦里家乡》，缅怀老友的《忆西谛》《李广田选集·序》等等。

对朋友的真情和对晚辈的提携

在“文化大革命”中，很多人都是人人自危，他的表现，却让大家看出了他对朋友的真情。巴金《随想录》里的《病中（二）》和《掏出一把来》都把李健吾对朋友的照顾写得一清二楚。

在《病中（二）》中，巴金回想起李健吾在“文革”中，对自己的帮助，感叹地说道：“关于健吾，我想到的事太多了，他是对我毫无私心，真正把我当作忠实朋友看待的人。”“黄金般的心是不会从人间消失的。在病房不眠的夜里，我不断地念着这个敬爱的名字：‘健吾！’”

在《掏出一把来》中，巴金再次回忆了李健吾，他说：“那十年

1983年，巴金在北京开会，小女儿李维音（中）陪着母亲尤淑芬去宾馆探望

中间我很少想到别人，见了熟人也故意躲开，说是怕连累别人，其实是怕牵连自己。一方面自卑，另一方面怕事，我不会像李健吾那样在那种时候不顾自己去帮助别人。”结尾处写道：“想到健吾，我更明白了，人或者不是为了‘捞一把进去’而是为了‘掏一把出来’。”

臧克家在《一个勤奋乐观的人——悼健吾同志》中，这样评价李健吾：

> 二三十年来，在北京和健吾过从甚密，他每次来我家，人刚进入小小庭院而笑声却已经进客厅门了。健吾的笑，是热情的爆炸，是心灵的强音，是他爽朗性格鲜明的特征。一想到健吾，就想到他的笑——开心的笑，使人愉快、受到感染的笑。他的笑，像重磅炸弹，威力无穷，严封的郁闷，无头的苦恼，一闻笑声，粉然而碎。他的笑，令人乐观，使我振奋！记得当年我赠了他一

首小诗，仿佛是这样："脚步阶前落，笑声已入门。狂飙天外至，万里无纤云。"

健吾极重友情，不以时迁，不因风转。大约1974年前后，巴金同志在苦难中。有一天，健吾跑来对我说："老巴是个好朋友，重感情，有学问，不但创作丰富，在文化出版事业上也做出了不小的贡献啊。朋友弄了点钱，我要设法给他转去。"听了他这话，我心里十分感动，患难之中见真情啊。他说替别人转钱，这些钱当中，大约也有健吾的一份吧。

李健吾把朋友当作亲人。

在《忆健吾》中，夏衍深情地回忆了，自己在"文革"结束后，还没有正式结论的情况下，李健吾遇到他的情景。

我们再次见面，是在1977年的何其芳的追悼会上，那时，我的"问题"还没有"结论"，去参加追悼会的时候后还拄着双拐，这是我"文革"以后第一次在公开场合露面，人们都用惊奇的目光注视着我。而他却从人群中挤出来，紧紧握着我的手，凝视了一会之后，只说了一句话："见到你，太高兴了！"他依旧是那样豪放、爽朗，丝毫不把我当作"不可接触的人"。我鼻子有点发酸，这种友谊实在是太可贵了。

李健吾晚年把大量的时间用在与友人的通信上，共有300多封。在书信中，李健吾倾诉了自己对他们的思念，向他们倾诉了自己对"左"的痛恶。

1982年，李健吾在西安开会期间，去看望了老同学唐德源，遗憾的是照片曝光了，回程时又专程拐到西安，去了唐德源家，和他留

1982年11月，在西安开会期间，与唐德源（左一）合影

影。没有想到，当时他的冠心病已经非常严重了，回北京后十天就离开了人世。

对晚辈、求助者，他从来都是慷慨相助。李健吾曾经替一位素不相识的译者——丹东市报社的宋维洲校稿，提供资料，张罗出版他写的东西。

在《名士风流·仁者李健吾在“翰林院”》中，法国文学研究专家柳鸣九对李健吾充满了深情的回忆。

> 对后学晚辈充满了爱护与提携的热情，……我的第一批翻译，其选目有相当大一部分都是由健吾先生指点的、提供的。……我主编的《法国文学史》出版时，最先得到了——用健吾先生自己的话来说，得到了他的“雀跃欢呼”。……作为一个长辈，竟把后生的进展与成功视为自己的欢乐，其情状就像一个天真的儿童，这种忘我的人、赤诚的人，你见过吗？

1982年，李健吾去探访老舍的夫人胡絜青

1982年，李健吾到医院探访住院的萧乾

1982年，李健吾与汝龙夫妇合影

晚年的写作、出游、访友和讲学

“文革”结束了，紧张的阶级斗争缓和了，李健吾立即开始了文学研究。1973年到1981年，几乎是在和时间赛跑，在用硝酸甘油来控制不时发作的心绞痛的情况下，李健吾伏案写作。

1981年之后，李健吾手头的工作已经基本完成，特别是《莫里哀喜剧全集》已经被湖南人民出版社安排出版，了却了他的一桩心愿。对老朋友的日益思念、居家的寂寞无聊，使得李健吾在夫人尤淑芬的陪伴下去了南方各地看望朋友。经过上海时，探望了老朋友王辛笛，又迈着蹒跚的步伐去看了自己曾经的住所：多福村和东宝兴路173弄9号。然后，受过去的学生、杭州大学的教授任明耀的邀请去了杭州讲学，接着去了湖南，回来时身体疲乏，但是心情很好。

晚年的李健吾

1981年底，李健吾受山西省文化局的邀请，去了临汾看蒲剧演出，从临汾到运城的途中，不断与老家人见面，参与各种活动。最后，他的身体实在支撑不下去了，住进了运城医院，接着被送回北京，在首都医院又住了几天。

1982年，参加蒲剧艺术家张庆奎舞台艺术50年纪念活动

1982年，又有三次出游。4月，夫妻俩去西北，和宁夏人民出版社的李采臣见面，商谈出版事宜，顺路又去兰州，看望了在“文革”中受难，已完全瘫倒在床上的内弟尤炳圻，一位勤恳的日本文学研究者。尤炳圻凄惨的晚年境遇，让他十分难受。接着，8月间，带着孩子去了北戴河玩了十天，年老体衰，不能下水，没有兴趣，他写的《北戴河十天》也就失去了以前的品位。

在尤淑芬的一再劝阻下，1982年10月19日，李健吾还是动身去西安参加了全国文学理事会。这一次，他还是希望借参会的机会和老朋友、老同学见见面。此次游性挺大，在西安见了老同学唐德源，之后又乘火车去了成都，受到巴金的侄子李至的热情接待。当时，他想着去贵阳看望老同学蹇先艾，也想着返回时经上海看老朋友巴金。没承想阴雨天气，使他的身体扛不住了，于是决定返回北京。

11月13日，李健吾回到了北京。这次出游彻底毁了他的身体，回来之后，冠心病加上肺心病使他气喘吁吁。但是，11月23日上午，李健吾还坚持去了外文所，参加所务扩大会议。也正因为如此，他的突

1981年12月，在运城关帝庙前李健吾夫妇合影

1982年，李健吾和临汾蒲剧界艺术家王秀兰

然辞世让所有人始料未及。

1982年11月24日下午2点到3点之间，李健吾在桌子旁边的沙发上停止了呼吸，离开了他热爱的文学事业，去世前一个小时还在工作。在1978年7月27日给陈西禾的信中，李健吾对自己的身后事有过安排："一、不开追悼会，二、不留骨灰，三、不上报。若无此人，此自然规律也。"可是，他的去世还是惊动了所有的亲朋好友，在北京协和医院李健吾的遗体告别仪式上，周扬代表文化部、杨克代表中国社会科学院出席了遗体告别仪式，北京市政协、运城都派了代表。

后人的追忆

山西没有忘记他：2009年，山西运城建立了李健吾纪念馆；历经近30年的艰辛，11卷的《李健吾文集》2016年5月由北岳文艺出版社出版。

2015年8月，《文艺报》为纪念李健吾110周年诞辰，出版了纪念李健吾专版的一期报刊。

运城盐湖区博物馆内的李健吾纪念馆

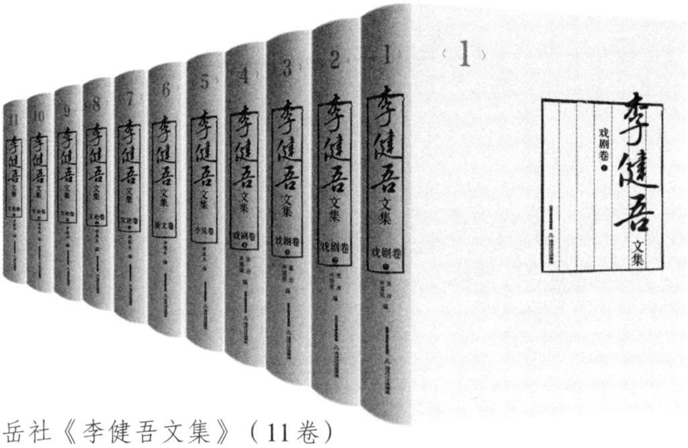

北岳社《李健吾文集》（11卷）

《李健吾文集》发布会，与会者合影

上海的文学界没有忘记他，《李健吾译文集》正准备由上海译文出版社出版。

巴金故居的专刊《点滴》为他出版了《李健吾110周年诞辰纪念专刊》。

……

李健吾，一位优秀的法国文学研究者，优秀的作家、戏剧家、文学评论家，其为人为文被后人不断追忆。

编后记

听说北岳文艺出版社要编《李健吾画传》，是在2015年的10月，韩石山先生告诉我的。可是，我没有编书的经验，再说，父亲一生所涉猎的领域太宽，我的知识极其有限，难哪！我不敢接手。在和北岳文艺出版社沟通后，深感《李健吾画传》不失为《李健吾年谱》的一个完美补充，于是，我接受了这项工作。我在静下心来，慢慢地入门之后，才逐渐理出了头绪。

在编辑过程中，我了解到了父亲在大家心中的地位，说起为李健吾整理材料，大家没有不伸手帮忙的。上海的周立民先生给我寄来了国民党时期的《铁报》的影印件，上面就有父亲曾编写的小栏目《旁敲侧击》，后来又帮我找来了在孤岛时期演出的《爱与死的搏斗》的演出特刊。远在广西南宁的张琦专门帮我搜寻初版的《意大利游简》。特别想不到的是，从不相识的上海戏剧学院的顾振辉先生，一位年轻的硕士，会把自己编写的《凌霜傲雪峭然立——上海戏剧学院·民国校史考略》邮寄到我家，真是宝贵的材料从天而降。顾振辉还为我专程去寻找我们在1945年9月到1947年10月居住过的华业公寓，尽管没有找到，一片苦心也感动了家人。我的女婿利用在上海出差的周末，在完全没有任何线索的情况下，沿着长长的陕西北路，在一个半小时寻找无果的情况下，走进一家星巴克咖啡馆，看见两位文质彬彬的年轻人，还不敢直接打听李健吾，怕他名气不够，只询问荣毅仁的住处。结果反而白跑了一次，不得不返回咖啡馆，没有想到，两位年轻人还没有走开，其中一位在得知情况后，居然热情地领着我女婿去了附近的区文物处，嘿，从材料中一下子就看到了李健吾的名字，找对地方了，很快照片从手机上发回来了。这里还特别感谢远在巴黎，在法国电力公司工作的李岗先生，他专程去了我父亲在巴黎居住过的地方，发来了照片。还有社科院外文所的李川同志，还有中国现代文学馆，还有……众人这样努力，作为女儿，我还能不把《画传》编成吗？我还能拒绝吗？

在这里还必须提到现在的网络，打开百度，搜索我所要的东西，光是“李健吾”三个字，就有数千条信息，各种资料和图片都在手边，使我对父亲有了更深的了解。

父亲是个文学家，一个在这个领域有巨大影响力的人，他的成就不用我多说。为了慎重起见，我专门请了法国文学研究专家郭宏安先生，他是李健吾最后的研究生，他来叙述我父亲特别合适，所以他写的《我的恩师李健吾》就被选作了这本书的“序”。在这里我感谢郭宏安先生。

父亲一直存活在我的心里。他一生经历过许多苦难，但他却始终是一个对这个历经苦难的国家和人民充满深厚感情，对朋友充满情义，对文学事业充满责任感的人。他在政治上没有任何偏见，只要是有需要，他就行动。对当年国统区的腐败，他不满，就要抨击。在孤岛时期，出于对话剧的热爱，对日本侵略者的痛恨，他配合地下党员于伶等组织话剧演出。为创办上海市立实验戏剧学校，他直接出面与当时的国民党政府周旋，却又不图任何权势。遗憾的是，有些事在“文革”期间还成了必须交代的历史问题。在白色恐怖笼罩下，他要帮助上海的戏剧工作者们赖以演出的剧院还清债务，要表达对蒋介石撕毁和谈协议的不满，又要不被禁演，他能够屈尊，把话剧《和平颂》改名为《女人与和平》，和导演一起，改成了一个闹剧。因此受到部分左翼人士的攻击，他解释不清就沉默。他是一个小民，可是在日本宪兵的监狱中，他有着无畏的勇气；在“文化大革命”中，他会掏出黄金般的心对待他的朋友。他在我的心里永远是一个热情洋溢的好人，一个把自己放得很低的人。他有自己的道德标准，拿他的话来说是“外圆内方”，绝不做违背良心的事。我为他特别感到骄傲。

在《画传》里，我特别提到了我的母亲，一个曾经在清华大学念书，因为和父亲结婚怀孕而没有拿到毕业证书的女学生。她曾经拿到数学教师的聘书，得到外国语大学俄语进修的毕业证书，却因为小女儿多病，每次刚开始工作，就又不得不停职。可是，她终身守着我那书呆子似的父亲，不论多么艰苦：丈夫失业、被捕、逃难、被批斗……她始终不离不弃，理解丈夫的为人和他的事业。父亲重感情，她理智，真正成了父亲生活中的伴侣和帮手。这是我父亲最大的幸福，我必须在父亲的《画传》中提到她。

我没有编书的经验，所以我只能是这本书的材料的提供者，能够最后出版，我得感谢出版社。

我希望这本《画传》能够让更多的人对李健吾有个直观的印象。这就是做女儿的一点点心愿。

在这里，我再一次向在我整理《画传》的过程中，给予我帮助的人表示衷心感谢。

李维音

2016年2月23日午后